おかし《お菓子》の会社のおかし《〝可笑し〟》な社長

〜みんな幸せ ちょっといい話〜

株式会社吉寿屋 代表取締役社長

神吉一寿

トランスワールドジャパン株式会社

はじめに

思いやりはご縁からはじまった

はじめまして。私は、関西を中心に「お菓子のデパート よしや」を展開する菓子の卸売小売販売商社、株式会社吉寿屋の代表取締役社長、神吉《かみよし》一寿《かずとし》と申します。お菓子業界に入って30年。最近では、講演の依頼を受けることも多くなり、私がこれまでに経験したことや学んできたことを、会社の従業員や若い方に発信しないといけない年齢と立場になってきています。

私がこれまでに社会から受けた恩恵を、今度は私が返す番になったのだと思っています。

今回、私は講演会で話していることやこれまでに出会った様々な方から学んだことを、皆さんに少しでも伝えることができたらと思い、執筆させていただくことにしました。

講演会では、ご縁をテーマにお話しすることが多くあり、そこでは、「様々な人と出会い、ご縁をつないでいくことも大切ですが、あまり広げすぎてもキャパシティがオーバーしてしまい、本当に自分にとって必要な方と密な関係を築くことができなくなることもあるので、つき合う人を選択することも必要だ」という話をすることがあります。

もちろん、ご縁はありがたいことで、出会った皆さんと親しくなれれば、これほど幸せなことはありません。しかし、限られた時間の中で、つき合える人数は自ずと限られてくるのも事実です。

たくさんの方とご縁をつなぎ、いい関係を築いている方もいらっしゃると思いますが、特にそれほど器用ではない私にとって、つき合える人数には限度があります。私のように、多くの人とつき合うのは難しく、知らず知らずのうちにつき合う人を選択している方も多いのではないでしょうか。

ただし、選択をするということは、見方を変えれば、選択をされるということも意味しています。つき合う相手を選別するということは、その裏返しとして、相手に選別されるということでもあります。

では、相手から選ばれる人になるにはどうすればよいのでしょうか。

「正直」「素直」「真面目」「やさしさ」「美しさ」・・・様々な要素、答えがあると思いますが、私はやはり「思いやり」を挙げたいと思います。思いやり」は、私の信念であり、「思いやり世界一の会社」という私の会社の目標でもあります。

この「思いやり」というキーワードが私の信念になったのは、不器用で未熟だった私を少しずつ成長させてくれた素敵な方々との出会いであり、ご縁があったからです。魅力あふれる方々には、選ばれる理由があり、学ぶべきことがたくさんあります。

この本では、私が出会い、多くを学んだ方々の生き方や考え方を披露します。読んでくださった方が、この人のこの話はよかった、勉強になった、参考になったと、ひとつでも皆さんの学びや何かのヒントになったとしたら、私としては本当にうれしい限りです。

２０１８年10月吉日　神吉一寿

【目次】

［第2章］

私が出会った企業家・事業家のちょっといい話……53

［第1章］

おかしの会社「吉寿屋」と私

「吉寿屋」とは

まずは、私が社長を務める吉寿屋について、簡単に説明します。

１９６４年（昭和39年）６月、大阪市北区に菓子の卸売商社として創業した株式会社吉寿屋は、当時、大阪地区で年間約30万個の菓子を販売。１９６８年（昭和43年）７月、法人組織に改組。１９８６年（昭和61年）に「お菓子のデパートよしや」の１号店をオープンさせ、その翌年の１９８７年（昭和62年）には、日本初の菓子のフランチャイズチェーン展開を開始しました。

そして、２０１８年（平成30年）７月、創業から55年目に入り、直営店は40店舗、フランチャイズ店48店舗を出店。懐かしい駄菓子から新しい菓

現在、大阪府摂津市に構える株式会社吉寿屋本社。

子まで250社以上の菓子メーカーと提携し、様々な種類の菓子を取り扱っています。また、海外への販売も行ない、アメリカや中国など世界5か国に、販路を持たないメーカーの菓子を輸出。年間約1億個以上の菓子を販売しています。現在は卸売小売販売商社として、その売り上げは、約120億円（平成27年6月決算）で、経常利益は約3億円（平成27年6月決算）。経常利益率は2・5％で、通常の卸売業の場合、経常利益率は0・3％ほどと言われる中、約10倍の経常利益率は、業界ナンバーワンです。

ここで、主な会社の特徴を紹介します。

◎朝が早い

私は朝5時に出社し、毎朝の日課となっているトイレ掃除を行ないます。営業社員は朝6時半に出社。交通渋滞を避け、快適な通勤ができるとともに、朝のスッキリした頭で仕事もできるメリットもあります。出社時間が早い分、帰社時間も早く、プライベートを充実させることができます。

◎日本一早い決済

現金主義で支払いの早さは業界ナンバーワンと言われています。他の会社の支払いは月末が多いですが、吉寿屋では締め日から10日で支払い、これまでに一切、手形も切ったことはありません。支払いが早くて喜ばない人はいません。仕入れ先からの信用にもつながっています。ただし、お得意様からの支払いも原則現金で締め日から最大20日以内にしてもらっています。

◎従業員を大切にする

お得意先より従業員の方が大事だと宣言し、従業員が喜ぶユニークなプレゼント企画や様々な制度なども導入しています。例えば、利益が上がるとボーナスとは別に還元したり、年に1回、あみだくじで当たった従業員ひとりに1kgの金の延べ棒をプレゼントしたり、アルバイトを含む全従業員とその同居家族を対象にインフルエンザの予防注射を無料で受けさせたりしています。これらはすべて思いやりが軸になっています。

◎税金をたくさん払う

会社として一番の社会貢献は、税金をたくさん払うことです。去年より今年、今年よりも来年、1円でも多く税金を納めることが最大の社会貢献だと思っています。設立以来、節税などはせずにたくさんの税金を納めています。

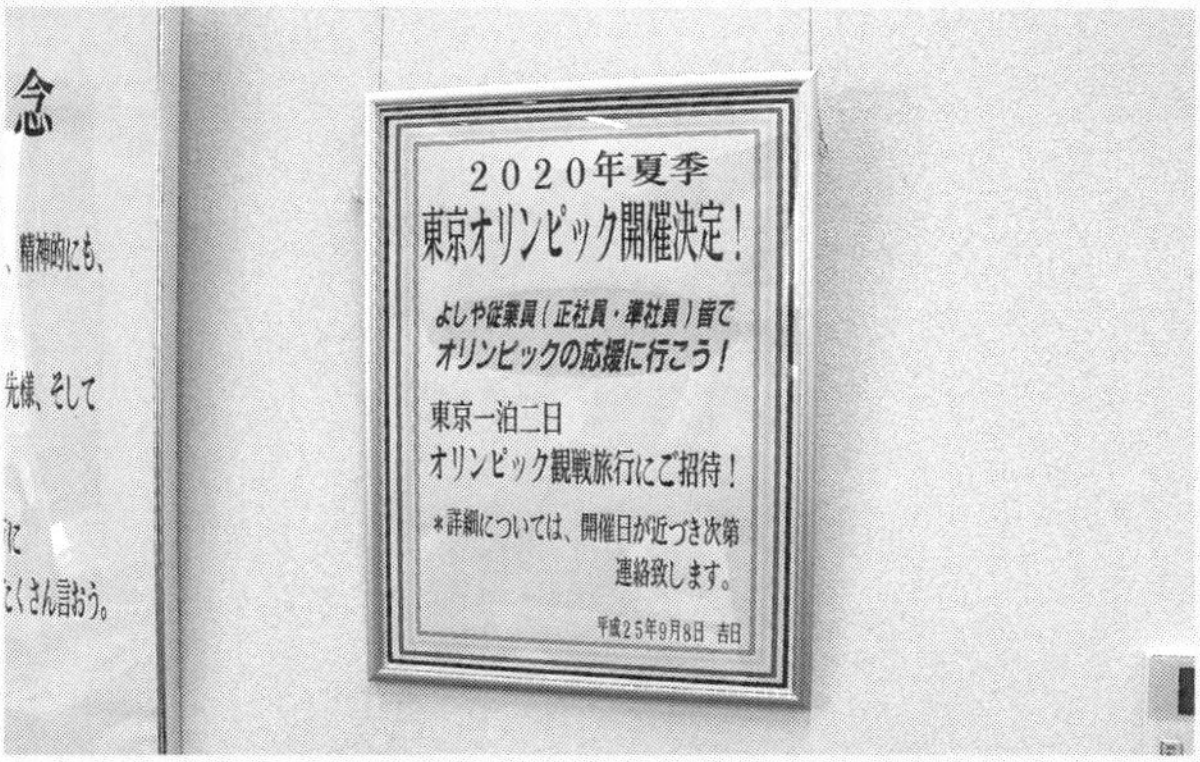

従業員へのプレゼントは、みんなが喜ぶような
ユニークなものを考えます。

吉寿屋創業者である父、神吉武司のこと

次に、吉寿屋の創業者で私の父である神吉武司（現相談役）について紹介します。

父は1941年（昭和16年）、徳島県鳴門市で生まれ、自宅で番傘の製造をしていた家庭で育ちました。10人兄弟で当然、家は貧乏な暮らしをしていました。

中学卒業後、集団就職で徳島から大阪に出てきて、大阪の名物菓子「粟おこし」を作っていた会社に就職し、3年ほど働いた後、独立。菓子の小売商を弟の神吉秀次（現会長）と一緒にはじめ、その後、当時の取引先であった知人の菓子卸商を引き継いで、大阪天神橋の天満卸売市場の一角で

18坪ほどの卸売り店を開業しました。この店が吉寿屋のはじまりです。

父はお金が尽きるような失敗をしたら商売はすぐにやめるという覚悟で店をはじめ、人に迷惑をかけないように、一生懸命働いていました。創業して5年間は1日も休むことなく働き続け、毎朝5時から夜9時まで働き続けました。その甲斐あって、これまでの54年間1度も赤字を出すことなく、この業界では少ないと言われる黒字経営を継続しています。


父がこれまでにやってきたことは、もしかしたら誰にでも思いつくことだったかもしれません。しかし、その思いつきをコツコツと継続していくのは難しいことです。当たり前のことを当たり前にやることは、思っているよりも容易ではありません。

父には継続する力の他に、すごい発想力がありました。物事の捉え方が前向きで、独特な考え方を持っています。

例えば、「若いときの苦労は買ってでもせよ」ということわざがありますが、父は絶対に苦労はするなという意味を込めて「苦労はしんどいから、してはアカン。努力はせなアカン」と言っていました。苦労ではなく努力をしろというのは、苦労をしているのではなく、努力をしていると思うこと、捉え方を変えることが大事だということです。苦しい、辛いと思えば、なかなか長続きしません。何事も捉え方が重要なのです。

また、「初心忘るべからず」ということわざについても、父はこんな言葉は論外だと言います。「初心なんて忘れたらその時点で終わり。初心は覚えていて当たり前。このことわざ自体がおかしい」と言うのです。これは、「息をすること忘るべからず」「眠ること忘るべからず」「水を飲むこと忘るべからず」というようなナンセンスさだということなのでしょう。

父の発想、行動力は、商売のノウハウをさらけ出す、物惜しみしないところにも見られました。

吉寿屋は菓子業界の小売で唯一成功し、マスコミでも紹介されることが度々あったため、全国から様々な経営者が会社に見学に訪れました。そこで、父は経営のノウハウを包み隠さずすべてを教えてしまうのです。それは、競合する近畿圏のライバル会社に対しても同じでした。父から経営のノウハウを聞いて、お菓子の専門店「おかしのまちおか」さんなどが成功されています。

私は、なぜ大事な成功のノウハウを簡単に教えてしまうのか、はじめは疑問に思っていました。すると父はこう言うのです。

「知恵は出し尽くしたら、また泉のように湧いてくるもので、放出しなければ新たな知恵は湧いてこない」

「知恵は人に教えずに隠しておくと、頭の動きが鈍くなり、新しい知恵が湧かなくなる。逆に知恵をどんどん出していけば、新たな知恵が湧いてくるもの。そして知恵が枯れることもない」

私はこの考え方、発想に驚嘆したのを覚えています。

他にも、「ほとんどの心配は無用で、何かあってから考えればいい」という考え方を持っています。

例えば、倒産する確立80％と言われたとしても、倒産しない確立20％のことを考えた方がいいという考え方です。

私は社長になって、まだ2年ですが、経営者は考えることが多く、いろいろな不安もあります。しかし、細かいことまで気にしていたら何もできなくなってしまいます。いらぬ心配は不要だということを教えてもらいました。

私の家族や子どもの頃の話

私の家族や子ども時代についても少しだけお話しましょう。

私の家族は、両親と3人兄弟の5人で、私は長男でした。母は今でも元気です。一番下の弟は、現在同じ会社で総務と経理を担当しています。次男は学生時代からゴルフをはじめ、アメリカのツアーに参戦。帰国後は、ゴルフのレッスン活動を開始し、今はティーチングプロをしています。それと、前社長で現会長の叔父にあたる、神吉秀次会長が身近におり、今でも経営のアドバイスをいただいております。

父は、私が子どもの頃から毎日のように忙しく、朝は早朝5時前に出かけ、帰ってくるのは21時以降。帰ってきてもすぐに夕飯を食べて寝てしまうような人でした。日曜や祝日も、朝から晩まで寝ているのが普通でした。当時は何でこんなに寝てばかりいるんだろうと思っていましたが、今考えると仕事で体がクタクタになるくらい疲れ果てていたのでしょう。

それでも、会社の創業から5年以上経った頃、相変わらず仕事は忙しいようでしたが、お盆休みには、私たち兄弟を海などに連れて行ってくれました。

私は、一生懸命に働き、社員を大切にする父の背中を見て育ち、会社は、年を重ねるごとに、どんどん規模が大きくなっていることがわかりましたので、うれしく思っていました。

家で父と会話することはあまりなく、私は学校の成績もよい、いわゆる優等生だったので、怒られたことはほとんどありませんでした。

そんな中、友達の間で悪い遊びが流行したことがありました。それは万

私の両親・叔父と三兄弟が一緒に写っている写真です。左にいるのは当時、留学生で日本に来ていたエリヤスさんです。

引きです。そのときは、友達同士で一時のスリルを味わっていたのかもしれません。

あるきっかけで、私の万引きが父にばれてしまい、そのときはどつかれて家を放り出されると覚悟しました。しかし、私の前にあらわれた父は怒りもせず、「一緒に行って、お父ちゃんも土下座して謝るから、盗った店全部まわろう」と言ってくれました。そのとき、私ははじめて父の前で泣きました。怒らずに優しくたしなめてくれたこと、仕事で忙しくても自分のことを思っていてくれたこと、父の懐の深さと愛情を感じた、強く心に残っている思い出です。今思えば、このときが父親の会社を継ごうと決心した瞬間だったと思います。

小さい頃は、漠然と会社を継ごうという気持ちはありましたが、別のこともしてみたい気持ちもありました。父からは会社を継いでほしいと言われたことはありません。今思えば自然の流れで会社に入社し、様々なことを経験し、社長を務めているので、これも運命だったのだと思っています。

会社のことを現実的に意識しはじめたのは、大学生になってからだったと思います。大学生の頃に、「お菓子のデパートよしや」の店舗展開がはじまり、忙しくなっていたので、店の手伝いをしていました。店舗の手伝いをしたり、トラックに乗ったり、いろいろなことをしました。そして、大学卒業後、吉寿屋に入社することになったのです。

吉寿屋に入社して

実は大学卒業後、まずは別の会社に入社して修行するという話もありました。

同族企業の場合、後継者は一度、取引先や同業種の企業で何年か修業して、頃合いを見計らってから戻るということが多いのです。しかし、私は別の企業に入社するということはしませんでした。

当時は、ちょうどバブル絶頂の時期で、どこも好景気に沸き、例えば、証券会社の大卒新入社員のボーナスが100万円というのも珍しくない時代でした。父からこんな時期に、どこに行っても勉強にならないだろうと言われ、他の企業を経験することはありませんでした。

そうした経緯もあり、私は大学卒業後、新卒で吉寿屋に入社しました。

当時、新卒で入社した者は1年間、トラックの運転をすることが義務づけられ、私も例外なく毎日、ジーパンとTシャツ姿でトラックに乗りこみ、積み荷を積んでは配達するという仕事を、1日2～3回繰り返していました。結局、1年と2か月間、配達の仕事を経験しました。

その後は、会社の業務を事務職以外は一通り経験し、営業の厳しさも体験しました。会社を引き継ぐ2代目や3代目の中には、入社すると同時にいきなり重役になる方もいるそうですが、私は一通り経験したので、全く経験のない人に比べれば、仕事をしている人の気持ちが少しはわかるようになったと思います。

入社して何年か経った頃、別の会社の仕事も経験してみたいと思い、父に2年くらい修行に行きたいと頼み、メインバンクの紹介で、ある企業に行く予定でした。しかし、その企業の経営が芳しくないことから、その話はあっけなく流れてしまいました。他の企業の仕事を経験できなかったことも、私の運命なのかもしれません。

その分、いろいろな人に声をかけてもらい、様々な経験をしてきました。鍵山秀三郎さんの求根塾、上甲晃さんの青年塾、松岡浩さんのタニサケ塾、そして松下幸之助氏の松下経営塾（一期生）という素晴らしい4つの塾で学ぶことができました。

特に20年以上前、上甲さんの青年塾に入塾したときは、私がまだ十分に仕事もできない若造の頃で、本当にできの悪い塾生だったと思います。それでも、「自分のことは自分で」という基本的なことから教えてもらい、この基本は今でも私の原点になっています。

このときの経験は、他の企業で経験を積むよりも、何倍、何十倍、何百倍もタメになったと思っています。経営の根っこの部分である、経営の哲学や志を学ぶことができ、私の考え方のベースになっています。

この4人の考え方は、それぞれ異なる点もありますが、根元の部分ではつながっているので、すんなりと受け入れることができ、これは私にとって、非常に幸福なことでした。

実は別の有名な経営塾への誘いが何度もあったことがあります。根元の部分が4つの塾とはかなり異なっていたので、大変素晴らしい塾であることは理解していましたが、最後まで入会することはありませんでした。やはり、内容の良し悪しではなく、根っこの考えに共感し、納得できるかどうかが大切なのではないでしょうか。４つの塾は、父の考え方に近かったことも、私が師事した理由でした。こうした運命的な出会いと偶然が重なり、今の私が形成されているのだと思っています。

会社に入って言われ続けたこと

私が父の会社に入ってから、会う人会う人に言われ続けたことがあります。それは、「将来、会社を引き継いでいくのは大変だな」という言葉です。10年、20年経っても言われ続けました。

吉寿屋は、業界内で日本一いい会社と言われていましたので、「比較されて大変だな」「父を越えるのも大変だな」という意味だと思うのですが、私はその度に「大変じゃないですよ」と答え続けました。もちろん大変さもあることはわかっていましたが、最初から父の存在は大きく、太刀打ちできないと思っていたので、はじめから父と自分を比較しようとは思いませんでした。

それでも、若い頃は、比較されたくないという気持ちから、お菓子以外の事業に手を出したこともありました。

シュークリームの店とおにぎりの店を出店させてもらいましたが、結局、売り上げを伸ばすことはできず、5千万円ほどの損失を計上し、あえなく店を閉じました。冷静に考えれば、同業他社がしのぎを削る業界に、何のノウハウもない私が飛び込んで成功するわけがありません。父ははじめから失敗することがわかっていたと思います。

それでも、私に店をやらせてくれたので、今はお菓子のことしかやらずにすんでいます。高い授業料を払わせてしまいましたが、大いに学ぶことができ、本当に感謝しています。

父から教えられたこと

私は、父から面と向かって何かを教えてもらったことはほとんどありません。しかし、やってはいけないことだけは教えてもらいました。

ひとつは、「世の中には、ちょっとズルをしたら得をすることがたくさんあるが、そういうことはやってはいけない」と、小さいころから何度も言われました。

もちろん、父がズルをしたという記憶もありません。ズルをする人間は信用されなくなり、長い人生の中でズルをする人間と、ズルをしない人間との間に、大きな差が出てきます。信用される人間と信用されない人間では、結果的にどちらがよりよい人生を送るのかは、火を見るよりも明らかです。私はズルをしないように心掛けています。

もうひとつは、「人に何か施しをしてあげたときには、決して見返りを期待してはいけない。見返りを期待するならやめておきなさい」という教えです。これは社会人になってから何度も言われました。具体的に言えば、誰かに何かをプレゼントしたときはすぐに忘れなさい、ということですが、これは簡単なようで、なかなか難しいことです。

仕事を頑張った従業員にプレゼントを渡すときは、頑張ってくれたお返しに渡しているので、感謝してほしいと思うことはありません。

しかし、知り合いの誕生日に些細なプレゼントを贈ったとき、見返りは求めませんが、プレゼントを渡したときに、ありがとうと礼を言う人もいれば、言わない人がいる、ということは少し気になります。この気になるということが、すでに見返りを求めていることになるのです。「この人は礼を言わないな」と思った時点で、アウトなのです。プレゼントのお返しに物をもらう、もらわないではなく、相手の反応を期待してしまう心がダメなのです。

これを理解して、見返りを全く求めずに、施しができる人は少ないかもしれません。この境地に達している人は、きっと人として魅力的に映るのではないでしょうか。異性からのモテ方も変わるかもしれません。

最近では、以前に比べると、見返りを求める心もなくなってきたように思います。年のせいもあるかもしれませんが、誰かにプレゼントをして少し時間が経ってからお礼を言われても、何のことか忘れていることがよくあります。この調子で、単なる物忘れではなく、見返りを求めない達人を目指したいと思います。

私を救ってくれたトイレ掃除

私の1日は、朝5時に会社に出社し、トイレ掃除をすることからはじまります。

父もトイレ掃除をしていましたが、10年ほど前から毎日かかさず掃除をするようになったのは、私の代からになります。そのきっかけとなったのは、私が絶不調の時期に重なります。

長年、会社に在籍していると、会社員の方なら特によくわかると思いますが、やはりいい時期と悪い時期というものがあります。ちょうどその頃、私は、スランプの時期で、何をしてもうまくいかない、力も入らない、気の抜けていた時期で、役員会でも、会社にとってプラスにならない発言ばかりをしていました。当時は、意味のないことを並べ立てていただけかもしれません。

そんな発言を繰り返す私に、父は「今の一寿が会社を引き継いだら、すぐにつぶれてしまう」と厳しく叱責しました。父にそんなことを言われるとは思ってもいなかったので、すごく驚き、気がつくと目から涙があふれていました。その涙はいつになっても止まらず、丸一日泣きっぱなしでした。こんなに泣いたのは、会社に入ってはじめてのことです。悔しいから泣いたのではなく、自分の不甲斐なさと、親にそんなことを言わせてしまった申し訳なさで、涙が止まりませんでした。父に対しての腹立たしさはなく、自分に対しての腹立たしさでいっぱいでした。この日から私は、何もできない、うまくできない、鬱のような状態になってしまいました。

そんな中、唯一、私を救ってくれたのがトイレ掃除でした。何もできない私ができることは、掃除しかありませんでした。その日から、以前よりも時間をかけて毎日、掃除をするようになりました。全く背景や状況が異なりますが、鍵山秀三郎さんがイエローハットを創業して間もない頃、事業が順調とはいえない時期に掃除をやり続けていたことが、自分の姿と重なって見えたのでした。トイレ掃除をやり続ければ、何かが開けるような気がしていたのかもしれません。

トイレ掃除を続けていくうちに、自分は人を思いやる振りをしていただけで、実は自分のことをよく見せたい、思わせたいという気持ちの方が勝っていたことに気づきました。自分は本当の思いやりに欠けていたことがわかったのです。

このときに感じた「思いやり」が私の信念になり、今では会社の軸にもなっています。この日を境に、私は思いやりの精神で会社経営にあたるようになり、自分は変わっていったのだと思います。周囲も私の変化を感じたようで、何事もうまく回るようになっていきました。そうこうするうちに、目に見えない不安もなくなり、失われていた自信も徐々に取り戻していくことができたのです。

トイレ掃除は今でも毎日欠かしません。
ゴム手袋は使わずに素手で行ないます。

従業員が一番大事

会社を経営していると本当にいろいろなことが起こります。最近では、西日本を中心に避難勧告が出されるほどの記録的な大雨で甚大な被害が発生しました。このときは、迅速に各店舗の状況を把握し、安全性は確認できましたが、状況が状況なだけに、営業時間を短縮するべきかどうか決断を迫られました。

通常よりも早く店舗を閉めれば、何百万の売り上げがなくなります。しかし、従業員の安全は第一です。雨がこの先おさまる保証はありません。そこには大きな葛藤があり、それをどう捉えるか、経営者の判断に委ねられます。結局、このときは全店舗の営業を休止し、従業員の帰宅を促しました。

経営者はとにかく判断の連続です。誰かに聞けるわけでもないし、時間がない中、判断を迫られることもたびたび起こります。

２０１８年の６月にあった大阪府北部地震のときには、ある店舗の店長が出勤はできたのですが、交通機関がストップしてしまい、夜になっても電車が再開することなく、店に取り残されてしまいました。店長は、１日くらい店に泊まっても構わないと思っていたようでしたが、私は車で店まで迎えに行き、店長の家まで送りました。

その翌々日に、その店長の奥さんから「すごく心配していたので、わざわざ送っていただき本当にありがとうございました。」と、お礼の電話をもらいました。

このとき、私はハッと気がつきました。店長は１日くらい家に帰れなくても、あまり気にしていませんでしたが、やはり家族はすごく心配だったのです。従業員と家族では思うことは異なり、従業員の家族にも心配をかけてはいけないのだとわかりました。

この震災の経験があったので、大雨のときも従業員を店に残してはいけないと思っていました。ある従業員のひとりも車で送り届けようと思っていましたが、道路がひどく渋滞していたため、送るのに7時間以上はかかると判断し、近くのホテルを確保して、そこに泊まるように指示を出しました。


お客さまが一番大事という経営者が多いと思いますが、吉寿屋では従業員を最も大切にしています。この従業員を大切にする精神は、会社の創業以来、ずっと引き継がれています。

私が社長に就任したときには、従業員を大切にする精神をさらに昇華さ

毎月、誕生日の従業員に渡すメッセージカードです。
毎回直筆でメッセージを書くようにしています。

メッセージカードとプレゼントを渡した全国の従業員からのお礼状です。思いやりの連鎖で、これもまた私の活力になっています。

せた「思いやり世界一の会社」という目標を掲げました。この目標も創業時から従業員を大切にする精神があったからで、ゼロからではこの発想は生まれませんでした。従業員を大切にする精神を築いてくれた父には、とても感謝しています。

今から3年くらい前、心斎橋の店に行ったとき、7〜8年勤務している30歳くらいのパートさんに「神吉社長！」と呼び止められました。「ご苦労さん」と声をかけると、そのパートさんは、「私、明日が誕生日なんです」と言ってきました。「おめでとう。よかったね」と返すと、「そうなんですけど、誰も祝ってくれないんですよ」と寂しそうに答えました。

何気ない会話でしたが、私はこれだけ長く働いてくれている従業員に何もしてあげないのはおかしいと思いました。すぐに私は全従業員の誕生日を調べ、誕生日にはメッセージとプレゼントを贈ることを決めました。この、日頃の感謝を込めて、誕生日にメッセージとプレゼントの贈り物をする活動は、今でも続けています。

父と一悶着

社長に就任してからは、父から経営のことに関して、何か言われることもほとんどなくなりました。何とか売り上げを上げているため、売り上げが下がれば何か言ってくるかもしれませんが、一応は私のことを認めてくれているのだと思います。

それでも全く何もないわけではありません。実は、私が乗っている車のことで一悶着ありました。

私は社長に就任する前から、一般大衆車のトヨタ・アクアに乗っています。燃費もよく、走りもスムーズでとてもよい車です。

しかし、父は、「社長であるならば、それにふさわしい高級車に乗るべきだ」という強い信念を持っていました。それは、「社長としての権威づけも必要であり、社内外に対して格好がつかない」「安い車に乗っていて万が一事故に遭遇して怪我をしたらどうする」「従業員も遠慮して、いい車に乗りづらくなる」という考えからでした。

それでも私は、「会社のお金は、みんなのお金」という信念があり、あえて高い車に乗る必要はない、もったいないからこのままでいいのだ、と父から何度言われても車を乗り換えることはしませんでした。

ついには、父から「そんなことを言うなら、社長になるのをやめろ！」とまで言われ、売り言葉に買い言葉で、私も「だったらやめてやる！」とまで言い放ちました。尊敬する父からの助言とはいえ、私は「無駄なお金は使わない」「会社のお金は、みんなのお金」という自分の信念を曲げることはできませんでした。今も社長はやめていませんが、それ以来、父と車の話はしていません（笑）。

私は現金主義

世の中はキャッシュレスの時代が来ると言われていますが、私は徹底した現金主義です。これまでに一度もクレジットカードを作ったことがありません。父もクレジットカードは持っていないようです。海外に行くときは不便ですが、クレジットカードを持つと、いつどこで何に使ったのかがわからなくなるような気がするので、カードは作らないようにしています。

財布の中の現金なら、ひと目でどれだけあるのかがわかりますし、これほどシンプルなものはありません。また、財布の中にあるお金だけを使うので、お金が足りなくなることもありません。

もしも、本格的なキャッシュレス時代になったら、そのときに考えればいいと思っています。いらぬ心配は無用だと父も言っています。

吉寿屋の新たな試み

吉寿屋では今、いろいろな新たな試みにも挑戦しています。2017年4月には、私の発案で「よしやファンクラブ」を立ち上げました。現在約2万人がファンとして登録してくれています。これは、いわゆるカード会員ではなく、店ごとのファンクラブで、お菓子が当たる情報などを、定期

よしやファンクラブでは、お菓子が当たる抽選や、メーカー様の様々な情報などを配信しています。

的にＬＩＮＥでファンの方に配信しています。

また、２０１８年4月からは、人気ファッションイベント「関西コレクション」と提携し、菓子業界がうまくアプローチできていない若年層をメインターゲットにした試みもはじめています。これは、「関西コレクション」のモデルさんに、２か月ごとにイチオシ商品の情報をＳＮＳで発信してもらい、購買につなげようというものです。今後もＹｏｕＴｕｂｅなどを取り入れ、顧客の開拓を積極的に進めていきたいと思っています。

そして、地元の子どもたちに喜んでもらいたい、地域貢献になれば、という思いから２０１８年の夏に、子ども食堂のお菓子版ともいえる、日本初のお菓子と飲み物が全部無料の「お菓子のデパートよしや ちびっこお菓子ランド」も開始しました。

これからもお客さまや、よしやのファンの方々に喜んでもらえるような企画を考え、挑戦し、日々精進していきたいと考えています。

[第2章]

私が出会った
企業家・事業家の
ちょっといい話

『青年塾』から学んだ志の高い生き方と人間力

志ネットワーク『青年塾』主宰　上甲晃

志ネットワーク『青年塾』を主宰している上甲晃さんとのご縁は、今から20年ほど前、取引先の新潟県に本社を構える「ばかうけ」や「星たべよ」などの商品で知られる株式会社栗山米菓の栗山社長の紹介で、『青年塾』にはじめは興味本位で参加させていただいたのがはじまりでした。

『青年塾』は、高い精神を持った志の人を育てることを目標に掲げられ創立されました。私が入塾したのはまだ30代前半で、上甲さんとお会いしたときの最初の印象は、大変失礼ながら正直に申し上げますと、ごく普通の方だなといったものでした。松下政経塾で塾頭、副塾長を務められていた方だと聞いていましたので、ものすごいオーラのある方を想像していたこともあり、余計にそう思ってしまったのかもしれません。

しかし、その印象は、すぐにガラリと変わりました。温和なお人柄と凛とした佇まい、そして言葉の端々から感じられる信念の強さに引き込まれ、なんてすごい方だと心の底から思いました。最初の印象とはいえ、上甲さんを普通の人だなんて思う自分はまだまだ若輩者で、人を見る目がなく、全く修行が足りていませんでした。

上甲さんは、京都大学卒業後、松下電器産業株式会社（現、パナソニック株式会社）に入社し、広報や電子レンジ営業課長等を歴任するなど、一企業のサラリーマンとして会社の業務に従事していました。

ところが、ある日突然、会社から、松下電器産業創業者の松下幸之助氏が１９７９年に私財を投じて設立した松下政経塾への出向を命じられます。松下政経塾は、後に国会議員や知事などの政治家を数多く輩出している政治塾です。上甲さんは、この辞令を受けて、１か月ほど断り続けていましたが、会社の命令には逆らえず１９８１年に松下政経塾に出向し、理事・塾頭、常務理事・副塾長を歴任しました。

松下政経塾では、専門的な知識や考え方を習得する前に、人としての修養を学ぶことが第一であり、松下氏の強い意向もあり掃除をすることを重要視していました。（掃除は今も続けられています）。

まだ、松下政経塾が開塾して間もない頃、入ったばかりの塾生に掃除ばかりさせていたところ、「僕らは政治を学びに来たのであって、掃除を学びに来たわけではない。」と、そのカリキュラムに異を唱える塾生がいました。そのとき、松下氏は、「身の回りの世話や掃除ができない者に、日本の掃除はできない」と一喝したと言います。

掃除が行き届いた空間は清々しく、さらに整理整頓されていれば仕事もはかどります。また、寒い日の雑巾がけやトイレ掃除など、ときには苦痛も伴う清掃は、忍耐力や我慢を知るよい経験となり、それが人を成長させるのだと松下氏は後に語っています。

上甲さんは、松下氏から学び、引き継いだ志を松下政経塾の塾生に伝え続けてきましたが、54歳のときに、松下電器の本社勤務に戻ることを言い渡され、人生の岐路に立たされました。

上甲さんは、ちょうどその頃、今後の人生について深く考えていた時期で、松下政経塾で求めてきたテーマである「次代を担う青年を育てること」を人生のテーマにしようと一大決心し、１９９６年に会社を退職。志ネットワークを設立し、１９９７年に志を持った青年を育成する『青年塾』を創設しました。

定年前に辞表を出した上甲さんは、会社の同期や周囲の仲間から「なぜやめるんだ？　悪い事でもしたのか？」と言われました。「何もない。志のために生きるのだ」と説明しても、「絶対に何かあるはずだ」と誰も信用してくれませんでした。当時、松下電器では、55歳で退職すると、60歳で定年退職するのと同様の条件が適用され、老後の生活を考えれば、55歳を過ぎてからやめるのが当たり前であり、54歳と6か月という年齢でやめるのはおかしい、何か理由があるはずだと思われたのです。

上甲さんは、周囲の人たちに、なぜ会社をやめるのかを文章にして手紙で送ろうと考えていましたが、親交のあった作家の三浦綾子さんがある雑誌に書かれていた「一流の人間は、決して弁解しない」という言葉を思い出し、「もう何も言うことはしない」と手紙を書くのをやめたのです。

このときから上甲さんは、「何があっても言い訳はしない」と心に誓ったのでした。

上甲さんは、このままでは日本という国のよさが失われてしまうという危機感を持って、これからの日本を背負う青年を育てるために、自分の人生をかけて『青年塾』を開塾しました。今では国の行政機関も注目する私塾となっています。

私は『青年塾』の4期生として入塾し、様々なことを経験し、学ばせていただきました。

研修会場は毎回異なり、私たちの頃は、研修の日時と場所だけが知らされ、持ち物などは一切知らされませんでした。たとえそれがどんな山奥だったとしても、その場所までの交通手段も自分で調べ、寒かったら防寒着を用意するなど、必要だと思う物を自分で準備し、時間に間に合うように行かなければなりませんでした。研修会場へ向かうための準備からすでに研修がはじまっていたのです。

各地で出会う人や場所、物も「先生」で、現場での経験や実践を通じて知恵を磨いていく、という意図もあり、この教えは今でも続いています。

自分のことは自分でするのが基本となっていて、旅館に宿泊した場合には、食事の後、使ったお皿をきれいに拭いたり、部屋を出る前に掃除をしてきれいにしてから旅館を出たり、入ってきたときよりもきれいにするというのが決まりでした。お金を払ったのだから散らかしてもよいという考えは誤りで、次にこの部屋を利用する方や、旅館の従業員のことを考える気遣いを求められました。

研修会場によっては、食事の準備や調理も自分たちで行なうことがありました。また、山に登って、自分たちでその山を切り開いて、自分たちの場所をつくるということもしました。

もちろん、普通のセミナールームで研修を行なうこともありましたが、その場合でも普通のセミナーとは異なる空気感がそこにはありました。それは、室内がきれいに掃除されていることはもちろんのこと、机と椅子が縦横きっちりと揃えて並べられていて、1ミリもずれていないからでした。その光景は、ただのセミナールームではなく、まさに凛とした空気が漂う神聖な場所に見えました。こうした感覚は、私が経験した限り、伊勢神宮を参拝したときくらいで、他の場所で味わったことは今もありません。

『青年塾』で一番印象に残っているのは、「人として最も大事なことは、人間力を身につけることだ」と言われたことです。人間力と言われても、なかなかイメージできない方もおられるかもしれませんが、簡単に言えば、魅力ある人間になりなさいという教えです。

「人間としての魅力を高めるにはどうしたらよいのか」という問いに対し、それは「自分自身の損得を越えて、人のためになることをすることだ」と教えていただきました。社会や人のために役に立つことをするのが志であり、そうした心を身につけることが大事なのです。

「自分の利益のことばかりを考える人ではなく、他人の利益を考える人になりなさい」「他の人がやりたがることは一歩引いて、やりたがらないことは一歩前に出ること」など、他の人が嫌がっていること、やりたがらないことを、率先して自分がやるような、そういう生き方をしなさいとおっしゃり、逆に他の人が熱心にやっていることについては、一歩下がって譲る精神を持ちなさいと教えていただきました。

そして、一番大事なことは、人生のテーマを持つことで、それが志につながっていくのだと教えられました。志の一歩は人生のテーマを持つことからはじまるのです。

普段、普通の生活をしていて日本という国のことを考える機会はそれほど多くありませんが、『青年塾』では、日本のことばかりを考える機会が与えられ、それはとても貴重な経験でした。

私が『青年塾』で学べたことは幸福であり、学んで得たものは、大きな財産になっています。

私自身、とても優秀とは言えない塾生でしたが、自分に何ができるのか考えるようになったきっかけを与えてくれました。私が自分の会社やお菓子業界で何ができるのかを自問自答し、何事にも一生懸命に取り組む姿勢は『青年塾』で培われたものです。

私たちの頃の研修期間は1年間で、入塾式はありましたが、卒塾式はありません。その代わりに、出発式がありました。卒業ではなく出発、ここからがスタートという意味です。この出発式では、塾生がひとりずつ自分の志を発表していきます。

私は「思いやり」という言葉を挙げました。この言葉は、私の会社の現在のテーマにもなっています。『青年塾』での1年間は、自分の志は何かということを探すための1年間なのです。今考えると、これほどまでに勉強したことは、後にも先にもありませんでした。

同期の塾生の中には、個性あふれる、いろいろな方がいました。貴重な経験と苦楽を共にした同期の中には、今も親交のある方がいます。

同期の中で、ずば抜けて優秀だった安田智子さん（コンサルティング会社、株式会社グラン・ゲイト代表取締役）もそのひとりで、現在は、お菓子のデパートよしや直営店の従業員の研修をお願いしています。

上甲さんには、吉寿屋の創業50周年の記念講演を引き受けていただき、新たな出発に花を添えていただきました。これからも『青年塾』で学んだ志の高い生き方を忘れずに、一生懸命、精進していきたいと考えています。

| Profile |

上甲 晃（じょうこう・あきら）

1941年10月、大阪市に生まれる。1965年3月、京都大学卒業。同年4月、松下電器産業株式会社に入社。広報、電子レンジ営業課長等歴任。

1981年10月、財団法人松下政経塾に出向、理事・塾頭・常務理事・副塾長を歴任。1996年4月、松下電器産業株式会社を退職。同年5月、有限会社志ネットワーク社を設立。

1997年4月『青年塾』を創設。

社員全員で知恵を出し、会社を改革し続けるタニサケ

株式会社タニサケ 代表取締役会長

松岡 浩

ゴキブリ殺虫剤などの製造販売を行なっている株式会社タニサケの創業者（街の発明家で初代会長の故・谷酒茂雄氏と創業）で、代表取締役会長の松岡浩さんとのご縁は、今から13年ほど前、松岡さんから突然、私どもの会社に電話をいただいたことがはじまりでした。

松岡さんは、私の父が1冊目の本（『商いのこころ――躍進する中小企業の成功法則』）を出版した際、この本に興味を持たれ買って読んでいただき、

いい会社だと感動されて連絡をくださり、父を訪ねて会社にいらしてくださいました。このときから現在に至るまで会社をはじめ、親子ともども交流があり、長いご縁になっています。

タニサケは、社員数36人の会社で、規模的には決して大きくない企業と言えますが、当時、私が伺ったところ、ゴキブリだんご「ゴキブリキャップ」の爆発的なヒットで、年商8億円くらいで、創業以来30年以上にわたって毎年20％ほどの経常利益を出しているとおっしゃっていました。この数字は、例えば天災で10年間売り上げがゼロになったとしても、余剰金があるので会社はビクともしない驚異的なものです。

松岡さんは、タニサケの他に、様々な企業の取締役や相談役を務めるなど、精力的で活気のあるすごい方で、講演活動や社会活動も行なっています。

また、22年ほど前からタニサケの本社がある岐阜県揖斐郡池田町で、『タニサケ塾』という中小企業などの経営者を対象（現在は社員も対象）にした研修会を主宰しています。

この『タニサケ塾』は、全国の中小企業を元気にしたいという使命感から、企業の支援を目的に、毎月1回、日曜日から月曜日の1泊2日で実施され、費用は実費のみの研修費用は無料で行なっています。

その内容は、1日目に近くの池田山を散策し、体操や座談会などを行ない、2日目にはトイレ掃除研修や朝礼、無駄を省いた知恵が集まった工場の見学、講話などがあります。

私もずいぶん前に参加して、2日目の山登りでは、自分の体力のなさを痛感したことを覚えています。弊社からもこれまでに40〜50人の社員や新入社員が参加して、貴重な体験をさせていただきました。

松岡さんからは、実に様々なことを学びましたが、特に商売の基本というものを教わりました。

例えば、お得意様の会社に訪問した際、応接室に案内されたら、相手の方がいらっしゃるまで、それが30分であろうと1時間であろうと、席には座らず、立って待っているのが基本だと教えてくださいました。

また、取引先などと約束した時間には決して遅れてはいけないことも大事だと話されていました。これらは基本中の基本ともいえますが、最も大切なことでもあり、最低限の心構えとして忘れてはいけないことです。

あるときこんなことがあったそうです。翌日に約束していた打ち合わせの場所に向かっている際、自動車の助手席に乗っていて交通事故に遭い、救急車で運ばれ、額を7針縫う怪我をしたと言います。しかし、翌日は京都で商談が待っていたため、頭を包帯でグルグル巻きにした状態で、京都に出向くことにしました。社員からは「ミイラみたいでみっともないから、よしたほうがいい」と止められましたが、約束は破るわけにはいかないと、若い社員について来てもらい、京都の商談会場まで向かったそうなのです。

商談の担当者は私を見るやいなや、「いったい、どうされたんですか」と聞きました。「昨日、事故で7針縫いました。でも今日はお約束だから参りました」と答えると、担当者は「こういうときは、来なくていいんですよ」と呆れながら商談に入ってくれたそうです。そして松岡さんの話をひと通り聞くと、「取引しましょう。あなたは信頼できる」と言ってくださり、商談はすぐに成立しました。

天候や交通事情等で「今日は行けないのではないか」「とても時間を守れそうにない」と思ったときこそ、約束通りに行くことです。約束時間に着くのは当たり前のことですが、それをどんなときにも守ることで、大きな信頼を得ることができるのです。

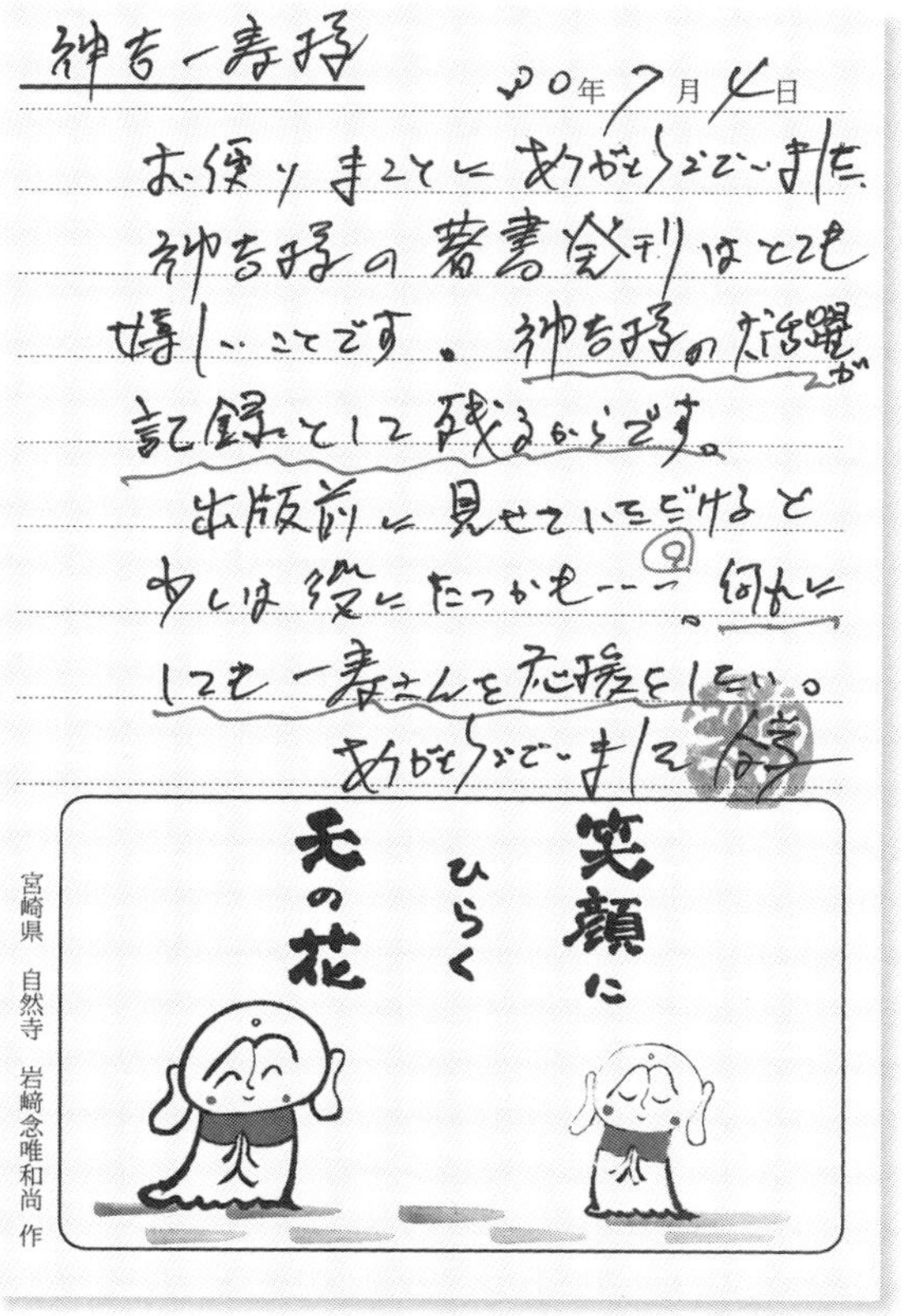

本を出版するにあたってご連絡したところ、
すぐに届いた松岡さんのお返事のハガキ。

さらに、松岡さんのビジネスの極意のひとつとして、取引先などご縁のあった方に、ハガキを書いて感謝の気持ちを表すというものがあります。とにかく松岡さんはハガキの返信も速く、私が松岡さんにハガキを出したその翌日には、返事が返ってくるほどでメール並みの速さです。

その速さの秘密は、ハガキが手元に届いた瞬間に書いていると聞いたことがあります。よくハガキのやりとりをする相手の場合は、あらかじめ住所と名前をハガキに記入しておき、ハガキが届いたら返事をすぐに書き上げ、一番近い郵便局の本局に出しているといいます。そうすると次の日の午前中には、相手のもとに届くのだそうです。きっと、ハガキを受け取った相手は、驚くとともに感動し、その印象は強く残るはずです。電子メールに慣れている人にとっては、特に新鮮に映ることでしょう。

ハガキに関しては、松岡さんが「人生の師」として仰いでいらっしゃるイエローハットの創業者・鍵山秀三郎さんもかなりの筆まめな方で、ハガキに関する逸話も多くあります。

さて、タニサケでは、様々なオリジナルの制度をつくり、実行していま す。その代表的なものが、社内で行なわれている改善提案制度です。

これは、社員から改善した方がよいと思われることを提案してもらい、提案すると、それが採用・不採用にかかわらず、報奨金を出し、採用された場合には表彰までするという制度です。集まった提案は、ひとつひとつ目を通し、丁寧に検討し、採用するかどうかを決めているそうです。

これまでに、「工場の作業台の高さを1センチ上げた方がいい」という提案を受けて、実際に採用し、改善したところ、作業効率が上がったという例があります。

タニサケでは、社員全員で知恵を出し、無駄を排除し、働く環境を改善することで、会社を改革し続けています。

その他にも、社員のAさんが社員のBさんに感謝の気持ちを伝える「ありがとうカード」や、誕生日を迎えた人にお祝いのメッセージを贈る「バースデーカード」など、同じ職場で働く社員同士のコミュニケーションを増やすことで、社内の雰囲気をよくしています。

タニサケは、取引先に感動と喜びを与える商売の極意を構築し、さらに、社員が一丸となって生き生きと働ける環境づくりを徹底して行なっています。

改善提案制度については、弊社でも取り入れ、採用不採用にかかわらず提案すると、１件の提案につき２００円の報奨金を出しています。また、『タニサケ塾』の研修で教えてもらったトイレ掃除も取り入れています。

松岡さんからは、これまでにいろいろなご縁もいただいています。手羽先で有名な居酒屋チェーン「世界の山ちゃん」などを展開している株式会社エスワイフード創業者の故・山本重雄さんや、日本ではじめて合宿型の免許取得システムを導入した島根県益田市で滞在型の自動車教習所「Ｍランド」などを運営する株式会社コガワ計画の小河二郎会長など、全国各地の様々なすごい経営者の方をご紹介してくださって、お会いする方々から様々な知恵や刺激を受けています。

松岡さんから「長たる者は部下の誰よりも損をすべし」で、その実践は「下座に生きる」こと、と教えられました。奇しくも父・神吉相談役の教えと同じで私も、精進して参りたいと考えています。

| Profile |

松岡 浩（まつおか・ひろし）

1944年、岐阜県池田町生まれ。岐阜県立大垣商業高校卒業後、イビデン株式会社を経て、家業の「スーパーマツオカヤ」を経営。その後、街の発明家・谷酒茂雄氏とタニサケを創業。

現在、株式会社タニサケ代表取締役会長。株式会社コガワ計画（Mランド）取締役相談役、株式会社和香園相談役、株式会社宮崎中央新聞社相談役、株式会社日本リモナイト相談役、株式会社cyujo相談役、株式会社美里花き流通グループ相談役を務める傍ら、中小企業のための研修会を行なう『タニサケ塾』を主宰。岐阜掃除に学ぶ会代表世話人。

講演活動や社会活動を積極的に行なっている。

掃除の神様から学んだ「凡事徹底」の精神

株式会社イエローハット 創業者
鍵山秀三郎

自動車用品チェーン・イエローハットの創業者で、NPO法人日本を美しくする会の相談役を務める鍵山秀三郎さんとのご縁は、ゴキブリ殺虫剤などの製造販売を行なっている、株式会社タニサケ代表取締役会長の松岡浩さんから紹介いただいたのがはじまりでした。私の父と鍵山さんを引き合わせてくださり、父が出版した本も購入して読んでくださりました。私もすぐにお会いする機会をいただき、それからは親子共々、大変よくしていただいています。

鍵山さんは、イエローハット（創業当時の社名はローヤル）創業時、順調とは言えずとても苦労されたそうです。

当時はちょうど１９６０年代の高度経済成長期で、どの企業も人手不足に悩み、人材を確保するのにも一苦労な時代でした。その中で、自動車業界に来るのは、いろいろな職場でつらい目に合ってきて、心が荒れた人たちばかりだったそうです。そこで、社員の心を少しでも穏やかにしたいと思い、ひとりではじめたのがトイレや社内の掃除でした。

しかし、鍵山さんが毎日掃除をしても、社員は全くの無関心。やればやるほど、あてつけがましいと批判されることもありました。それでも掃除をやり続けて10年ほどたった頃、社員も自主的に掃除をするようになり、社内だけでなく、近隣の道路なども掃除をするようになりました。すると、

「自主的に掃除をするいい会社だ」と評判になり、マスコミにも取り上げられるなど、評判と共に知名度も上がっていったのです。

自動車用品の業界では、雪が降るとタイヤのチェーンの値段を数倍にして売るような、悪い商習慣が横行していました。現在では見なくなりましたが、当時のそういう慣習が許せなかったことから、鍵山さんの会社では、値段を変えずに販売したところ、嫌がらせを受けたこともあったそうです。

また、創業当時からしばらくは、ガソリンスタンドなどへの卸売りをしていましたが、1969年くらいから総合スーパーへの卸売りもはじめました。しかし1976年に、その総合スーパーが優越的な地位を利用し、担当者や会社に無理難題を押しつけ、それに応じなければ、取引をやめるとまで言ってきたのです。

当時、その総合スーパーとの取引は、売り上げの大部分を占めていましたが、鍵山さんは全く躊躇することなく、総合スーパーとの取引をスッパリとやめました。

これは、普通の経営者でしたら絶対にできない判断です。相手の言い分の筋が通っておらず、間違っているのであれば、その取引が会社の存亡に関わるものであったとしても、断るべきなのです。

結局、その総合スーパーが取引を継続してほしいと謝ってきましたが、一切受けつけることはありませんでした。

取引停止で会社は危機的な状況にもなりましたが、それをなんとか乗り越え、直営の自動車用品店「イエローハット」を展開し、一般の方への直接販売をはじめることになります。

鍵山さんは若い頃に、暴力団に因縁をつけられて、25時間半も監禁されたこともあるそうです。そのときは、たくさんの男たちに囲まれて、罵声を浴びせられ、脅迫されましたが、動じることなく、男たちの脅しに屈することはありませんでした。男たちは鍵山さんの顔面に唾を吐きかけましたが、鍵山さんはそれを拭くこともなく、表情も変えずに、唾が乾くまでひたすら耐えていました。最後には男たちが諦めて、鍵山さんを解放しました。

鍵山さんは、「顔に唾をかけられても、拭かずに乾くまで待て」という意味の中国の言葉「唾面自乾《だめんじかん》」を知っていたため、耐えることができたとおっしゃっています。

実は、私も若い頃に、従業員が当たり屋から因縁をつけられ、その身代わりになって4～5時間監禁されたことがあります。男たちの要求は理不尽なもので、最初は拒絶していましたが、やはり罵声を浴びせられ続けました。そして、相手の人数が徐々に増えていき、最終的には10人以上の男たちに囲まれてしまったのです。私は恐くなってしまい、このときは相手の要求を突っぱねることができませんでした。

当時は、暴力団対策法が施行されたばかりの頃で、取り締まりが比較的ゆるい状況がありました。最近は法律も厳しくなり、このようなことはほぼありませんが、時節柄、もし何かあればすぐに警察に通報するように意識を高めています。

鍵山さんは、現職で会社を経営していたときから、日本を美しくする会を発足させ、経営の第一線を退いた後も、日本全国で（海外でも）清掃活動を行ないました。現在は相談役を務めていらっしゃいます。

15年くらい前には、日本を美しくする会の台湾での活動で、鍵山さんと松岡さんが向かわれる際に、私の父も連れて行ってくださいました。そのときの活動で、台湾の中学校の校内清掃やトイレ掃除をしたそうなのですが、父は素手でトイレ掃除をするのがはじめてで、それも尋常ではないくらい汚れたトイレだったので、掃除をするのを躊躇したと言っていました。父が物事に躊躇するのはこのときがはじめてのことでした。

ちなみに、私は15年ほど前から素手でトイレ掃除を行なっていますが、テレビ番組の取材で、私の1日に密着するという企画がありました。

リポーターの方が私と一緒に、素手でトイレ掃除をするという場面を撮影していたのですが、トイレの中に手を入れるのに随分と時間がかかりました。そのリポーターの方は潔癖症だったこともあり、余計に時間がかかってしまったのでした。

会社のトイレは毎日、私が掃除をしているので、いつもきれいな状態ですが、いざ素手でというと、なかなかできない方が多くいらっしゃいます。素手でトイレ掃除をしたことがある方はわかると思うのですが、きれいに掃除をすると心がスッキリとします。特に汚いトイレがきれいになったときには尚更のことです。

トイレは、素手で触れることができるもので、最も汚れているもののひとつではないでしょうか。それをきれいにしたときの気持ちは、爽快感に近い、トイレ掃除をした人にしかわからない感覚があります。

トイレ掃除で得られるものは、きれいになるということだけでなく、私にすごい力をもたらしてくれます。私はこれまでの十何年間、毎日トイレ掃除を続けてきましたが、掃除をしている最中にアイデアが生まれることが多くあります。トイレは私にとって新しい発想が生まれる場所でもあるのです。「靜中の工夫は動中に勝る百千億倍」という白隠禅師の教えの通りです。

このトイレ掃除のすばらしさを教えてくれたのが、鍵山さんであり、志ネットワーク『青年塾』主宰の上甲晃さん、そして松岡さんでした。本当に感謝しています。

鍵山さんが掃除と同じくらい徹底して続けているのが、お知り合いやご縁のあった方とのハガキのやりとりです。

鍵山さんは、１９９2年から本格的にハガキを書きはじめ、おそらく1日20～30枚くらいのハガキを書いていらして、年間４０００～５０００枚ほどのハガキを出されているのではないかと思います。

愛用しているハガキは、どのような内容をいつ誰に送ったのかが残る、カーボン用紙を使った「複写はがき」というものです。ハガキをたくさん利用することから郵便局から表彰されたこともあるそうです。

ハガキを書くようになったきっかけは、ご縁のあった方への感謝の気持ちからです。ハガキは相手のことを思わないと書けませんから、どれだけ人のために時間を捻出するかということでもあります。鍵山さんは、いくら眠くても、相手が喜んでくれることを想像し、あと10枚、あと5枚と、毎日、書き続けていらっしゃいます。

ハガキには独特の温もりがあり、もらった方はうれしいでしょう。私もこれまでにいただいたハガキは大切に保管しています。

2008年には、鍵山さんの考え方、生き方を学び、その精神を後世に伝え遺そうと、有志によって『求根塾』が設立されました。定員は80名で、年に4回、例会が開催されています。私は3回目から参加させていただいています。毎回、塾長の鍵山さんのお話を楽しみにしています。

鍵山さんは、「凡事徹底」（当たり前のことを当たり前に素晴らしくやる）を貫き、平凡なことをひとつひとつ大事にする姿勢を大切にしています。自分のことは二の次で人が喜ぶことを常に考えていらっしゃいます。

私がこれまでにお会いした方の中で、最も尊敬でき、すごい方だと思っています。鍵山さんは、掃除の神様と呼ばれていますが、その存在自体が神様といっても、決して言い過ぎではありません。それぐらいお人柄もよく、魅力的でとても素晴らしい方です。

また、私たちが知らない言葉をたくさん知っておられ、その知識力と語彙力もさることながら、記憶力もよく、細かいこともよく覚えていらっしゃいます。

私は自分の父を尊敬し、すごいと思っていますが、少なからず父のDNAを受け継いでいますので、努力を怠らず精進していけば、いずれ近づくことが可能だと思っています。しかし、鍵山さんには、どう頑張っても近づくことはできない、とてつもない人間力を持った方なのです。

鍵山さんの生き方、考え方に重なるのが、松下電器産業創業者の松下幸之助氏です。松下氏の著書を読むと、鍵山さんとの共通点が非常に多く、根底に流れているものは同じだと思わされます。上甲さん、松岡さんの考え方も、いくつかの違いはありますが、根っこの部分は同じものを感じます。

『求根塾』で鍵山さんに教えられたことで印象に残っているのは、「世の中のほとんどの人は、得すること、儲かることを念頭にした打算的な考え方をしていて、こうした考え方が今の日本を駄目にしている」ということです。

また、「世の中で正しいことと、間違っていることというのは、はっきりしています。儲かることと、儲からないことも必ずあります。そんな中で決して判断を間違ってはいけないことは、儲かるからといって間違ったことをすることです。直接、利益に結びつかないことでも、周囲の人や社会のためになることを選ぶのが正しい道なのです」ということもおっしゃっていました。

最近は特に、正しいか間違っているかの判断ができない人が多いように

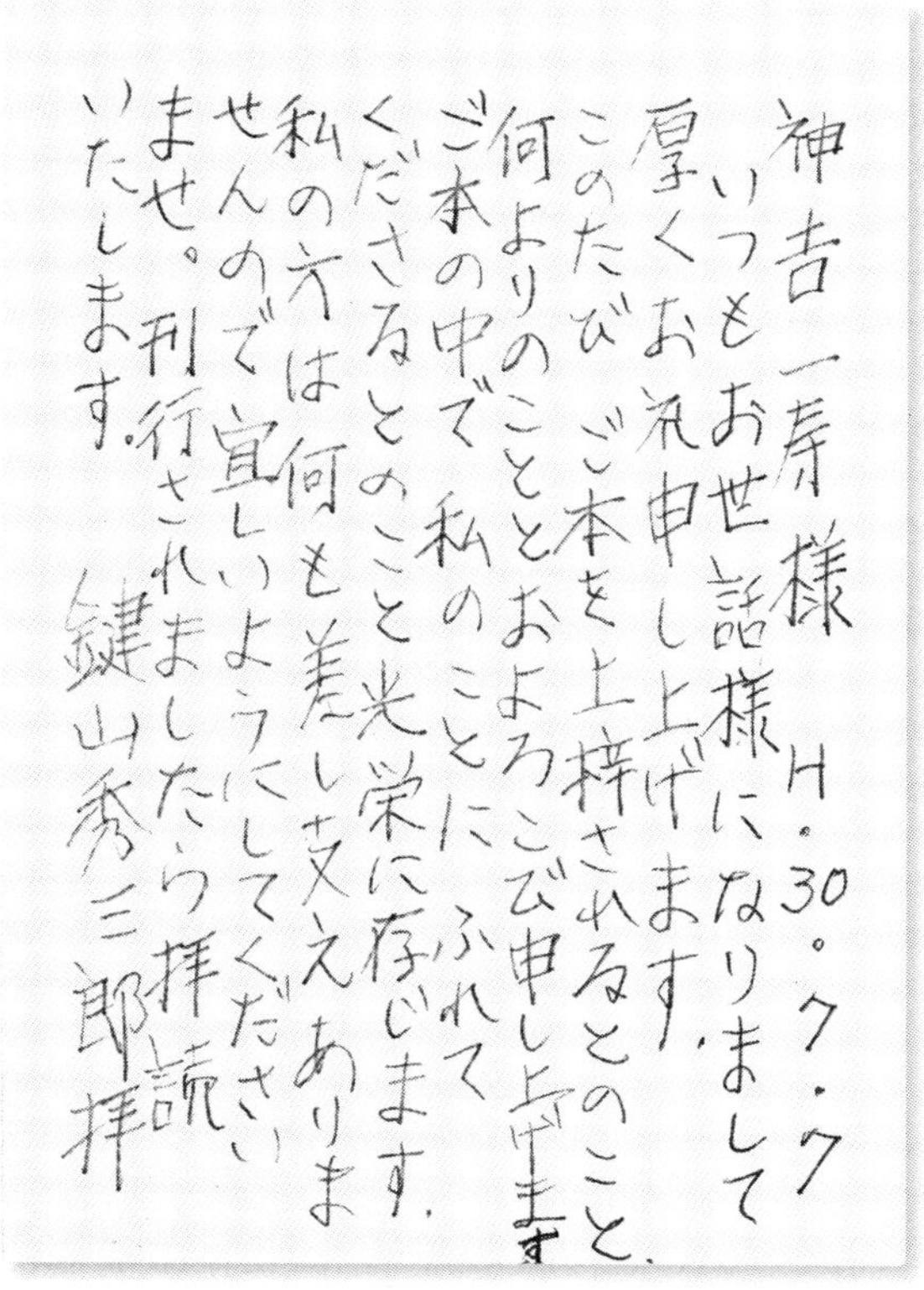

神吉一寿様　H.30.7.7
いつもお世話様になりまして
厚くお礼申し上げます。
このたびご本を上梓されるとのこと、
何よりのこととおよろこび申し上げます
ご本の中で私のことにふれて
くださるとのこと光栄に存じます。
私の方は何も差し支えありま
せんので宜しいようにしてください
ませ。刊行されましたら拝読
いたします。
鍵山秀三郎拝

鍵山さんからいただいた直筆のハガキ。
度量の大きさに改めて敬服しました。

思います。ちょっとごまかして得をするという生き方、考え方は間違いであるということ、自分は損をしても正しいほうを選ぶような生き方をすることが大事であるということを、様々な場所で、学生や若い人たちに、伝えるようにしています。それもこれも鍵山さんの影響であることは間違いありません。

今回、私は本を出版するにあたって、鍵山さんのことを紹介させていただきたいと思い、事前に了解だけは取っておかなければと、ご自宅にお手紙を送らせていただきました。すると、「ご本の中で私のことにふれてくださるとのこと光栄に存じます」というお返事をいただきました。

これまでに何十冊も本を出版されている鍵山さんが、私のような者に「光栄です」と言えてしまう度量の大きさに感動し、改めて敬服してしまいました。

まだまだ伝えきれていないことがたくさんありますので、鍵山さんの考えた方、生き方をもっと知りたいと思われた方は、ぜひ鍵山さんの著書もご覧いただきたいと思います。私の拙い文章が、少しでもそのきっかけになれば、うれしい限りです。

| Profile |

鍵山秀三郎（かぎやま・ひでざぶろう）

1933年、東京都生まれ。1952年、疎開先の岐阜県立東濃高等学校卒業。1953年、デトロイト商会入社。1961年、ローヤルを創業し、社長に就任。1997年、社名を「イエローハット」に変更。

1998年、同社相談役就任。2008年、相談役辞任。現在はNPO法人 日本を美しくする会相談役。『求根塾』では塾長を務めている。

従業員に愛される企業の秘密

株式会社リーダーシップコンサルティング
代表取締役社長　**岩田松雄**

元スターバックスコーヒージャパン株式会社のＣＥＯで、現在は株式会社リーダーシップコンサルティング代表の岩田松雄さんは、これまで日本コカ・コーラ株式会社やゲーム会社の株式会社アトラス、ザ・ボディショップといった企業の経営に携わり、業績を向上させてきた輝かしい経歴の持ち主です。

そんな岩田さんと知り合うきっかけとなったのは、岩田さんの著書『ミッション元スターバックスCEOが教える働く理由』でした。後に講演会でお会いし、今も大変お世話になっています。

実は、私は以前から「スターバックスコーヒー」に注目していました。スターバックスコーヒー、通称スタバは、1971年アメリカ・ワシントン州シアトルで開業し、日本には1996年に進出。ご存知の通り、世界的なコーヒーチェーンです。

なぜ私がスタバを意識するようになったのかと申しますと、偶然か必然か、スタバで働いたことのある人たちと話をする機会が何度かあり、スタバは職場として、とても評判がよかったからです。

そもそも私は仕事とプライベートにかかわらず、交友関係の中で知り合った人たちに、「今まで働いてきた中で一番よかった会社や仕事は何ですか？」と調査も兼ねて尋ねることがあります。この質問を繰り返している中、かなりの割合で、「スタバがよかった」「楽しかった」という声が多かったのです。中には「また働きたい」「結婚しても働きたい」と話す方もいました。

こうした多くの好意的な意見を聞く中で、「思いやり世界一の会社」を目標に掲げている会社の社長として、「スタバはどうして従業員に愛されるのか?」その理由が知りたくなったのです。「これだけ楽しいところには何かあるはずだ」と、それが私の知りたかったことでした。

このような経緯もあり、岩田さんの著書を拝読したわけですが、この本の中には、働くことの意味と、一流の人の仕事は何が違うのか、会社・個人としてすべきこと、リーダーとしてあるべき姿など、わかりやすいエピソードとともに、ミッションを持ち続けることの重要性が説かれています(詳しくは岩田さんの著書をぜひご覧ください)。

この本の中で特に引きつけられたのは、「一流は『火花散る一瞬』のために生きる」という表現です。「火花散る一瞬」とは「付加価値が生まれる瞬間（お客さまとつながる瞬間）」のことで、「何が価値なのか?」「いつどこで生まれるのか?」をとことん考え、その瞬間に意識を集中することが大切であると唱えています。

スタバの場合の火花が散る瞬間はどこかというと、お客さまに心を込めて商品を渡す瞬間です。最高の笑顔と最高に美味しいコーヒーを提供する瞬間にこそ価値があり、その瞬間を意識することで、仕事や自分に対する考え方も変わり、仕事への取り組み方も変わっていくのです。こうした考え方は、本当に理にかなったことだと感じました。

ほとんどのファーストフードには接客マニュアルがありますが、驚くことにスタバには接客マニュアルが存在しません。「そのとき、その瞬間にお客さまが喜ぶ行動をしなさい」という指針がここにも貫かれています。

そして、本のタイトルにもなっているミッションが最も大事であるということが最大の肝です。

企業は何のために存在するのか？　それは、世の中をよくするためで、「企業にとってのミッションは使命であり存在意義である」

「個人にとっては働く理由であり、存在理由でもある」

「ミッションを理解できると行動も変わる」

と、ミッションは、企業にとっても個人にとっても絶対に必要なことなのだと提言されています。


普段、私は、就活生や新入社員に向けて話す機会も多いのですが、若い人たちの中には、自分が何をしたいのかわからない人が多く、はっきりと何かになりたいと目標を持っている人も少ないような気がしていました。

そういう人たちに人生の指針や仕事の意味、楽しさをうまく伝えるにはどうしたらよいのかと日頃から考えていたところ、岩田さんの本と出会い、私は、その考え方に強く共感し、「探していた答えはこれだったのだ」と、すとんと腑に落ちた気がしました。岩田さんの言葉は私の中にすっと入ってきたのです。

今では、この理論をもとに、就活生向けの説明会や人材育成などにも取り入れています。私にとって、スタバの考え方は、「よしや」のミッションにもぴったりと合致しているのです。

スタバのように「一度会社をやめてもまた働きたい」と思われる会社になること。その追い求めるところは、社員はもちろんこと、お菓子にも、お客さまにも、取引先にも愛される「思いやり世界一の会社」になることなのです。

さて、岩田さんから学んだことを、もう少しご紹介したいと思います。

まず、岩田さんに対する私の印象は、サラリーマン経験もあることからコミュニケーションを大事にする、バランス感覚に長けたとても魅力的な方です。

お会いする前は、アメリカでMBAを取得している経歴から、理論優先で物事を思考する方なのではと勝手な先入観を持っていましたが、どちらかというと、人と人との関係を大事にする方でした。

私の印象に残っているのが、スタバのCEO時代など、部下を連れて食事に行った際、支払いは自腹で行なっていたことです。当然、会社の経費で落ちるものでも、自分のお金で支払っていたそうです。私の周囲にいる経営者や知り合いの中に、経費で落ちるものをわざわざ自分で払う方がいなかったので強く印象に残ったのかもしれません。

岩田さんがなぜ自腹で払うのか、その理由を本人に聞いたことはありませんが、なぜか私はその行動が気になり、些細なことかもしれませんが、

岩田松雄さんと共に。

そこに器量の大きさを感じたのです。

私が思うには、こうした振る舞いによって、相手からの印象や見る目も変わっていくように思います。それはちょっとした懐の深さから生まれる安心感や信頼感なのかもしれません。

この話を聞いてから、私もそれを見習い、接待交際費で落とせるとしても、領収書は切らずに自費で支払うようになりました。私の会社ではこまめな消灯など節約を徹底しているのですが、交際費を減らすことは会社の節約にもつながりますので、今後も続けていきたいと思っています。

| Profile |

岩田松雄（いわた・まつお）

株式会社リーダーシップコンサルティング代表取締役社長。立教大学特任教授、早稲田大学非常勤講師。1958年生まれ。

大阪大学経済学部卒業後、日産自動車に入社。販売から財務まで広く現場を経験し、カリフォルニア大学ロサンゼルス校アンダーソンマネジメントスクールに留学し、MBAを取得。外資系コンサルティング会社、日本コカ・コーラ株式会社の役員を経て、ゲーム会社の株式会社アトラスの社長として3期連続赤字企業を再生。ザ・ボディショップでは売り上げを倍増させる。

2009年、スターバックスコーヒージャパン株式会社のCEOに就任。2011年、リーダーシップコンサルティングを設立。2012年より約1年間産業革新機構に参画した。

お見合いのプロから学んだ婚活の極意と時代性

株式会社お見合い塾 主宰
山田由美子

日本の未婚化・晩婚化が進む中、それに伴う人口減少と少子高齢化は深刻な問題です。結婚しない、家族を作らない人たちが増えると、企業の労働力人口の減少や国内需要への影響など、経営者としても見過ごすことのできない様々な問題を生み出します。

私の会社の社員の中にも、結婚しない人たちが増えていることもあり、常日頃からこの問題に対して非常に関心を持っていました。

私の会社は女性の社員が多いのですが、結婚していない社員も多く、早くいい相手を見つけて結婚してほしいという思いがありました。

未婚の社員たちも決して結婚したくないというわけではなく、「結婚はしたいけれど相手がいない」「結婚するには何をすればよいのかわからない」「結婚願望はあまりないが、結婚したくないわけではない」といった話を聞いていたので、この話題に、より敏感になっていたのです。

昔のように社内結婚する例は少なく、だからといって、会社の上役が「早く結婚しなさい」と結婚を強く勧めたり、適当な相手を見つけてきてお見合いをさせたりするというのも違う気がしますし、今の時代には合わないと思います。

それでも国の将来や社員の幸せを考えると、手をこまねいて、ただ見ているだけというのはいけないと、何かしなければと思っていました。

そんな中、街中でたまたま目にしたのが、黄色い洋服を着たおばちゃんが笑顔でガッツポーズをしている「お見合い塾」の看板でした。

おばちゃんの笑顔に吸い寄せられるように、私は看板のある店の中へ飛び込みで入っていきました。今から10年ほど前のことだったと思います。

このことがきっかけで、お見合い塾を主宰する山田由美子さんと知り合い、友人の未婚の男女を集めた会合に来ていただいたり、社員に「結婚をしないことで将来に起こること」「結婚をするなら早い方がいいということ」「結婚をするための心構え」などの話や婚活のサポートをしていただくようになりました。

今後は社員に対して、結婚しやすい環境を整えていくとともに、お見合い塾とコラボして、女性社員と自衛隊員とのパーティーを開催するなど、積極的に婚活のサポートをしていきたいと考えています。

山田由美子さんは、お見合い業界ではとても有名な方で、知り合った当初は、それほど詳しくは知りませんでしたが、お見合い企画でテレビ番組に出演するなど、業界歴20年以上のプロ中のプロの方です。彼女自身もお見合いの経験が豊富になり、お見合いで結婚もされています。これまでに、約２２００組のカップルが成婚（２０１８年現在）している婚活のカリスマおばちゃんです。山田さんは、昔ながらの仲人業を自認し、結婚に悩む会員の方たちの背中を、関西のおばちゃんパワーで押しまくっています。最も多い年で、１年間で２８０組を成婚に導いています。

山田さんのお見合い塾のシステムは、たくさんある会員プロフィールの中から相手を選び出し、申し込みをして、相手がＯＫならばお見合いが決定します。その後、お見合いをして、お互いがＯＫであれば、そこから交際がスタート。誰かと交際中でも、新たにお見合いをして、重複（３人まで同時に）した交際をすることも容認しています。

たくさんの人と出会い、交際することで、この人とはしっくりくる、しっくりこないということを確認していきます。この人は違うなと思ったら交際をやめて、新たな別の人と交際を繰り返すことで、自分に合った相手を見つけるシステムです。

普通の一般的なお見合いは、相手とうまくいかなかった時点で、次の相手を探し、うまくいったときにようやく交際がはじまるわけですが、お見合い塾の会員になられる方は、今すぐにでも結婚したいという人が多く、時間との戦いになるので、こうした効率的なシステムを取っているそうです。すごい仕組みだなと感心しました。

また、会員の方に、自分の置かれている状況を理解させることが大事だとおっしゃっていました。

例えば、お見合いの申し込みは、20代の女性会員には殺到するのですが、30代になると、その数は減っていき、30代後半以降になると、明らかに少なくなる傾向にあるといいます。

山田由美子さんと
お決まりのガッツ
ポーズで。

厳しいことをいえば、30代後半を過ぎたら、50～60代のバツイチ男性でもお見合い候補に入れない場合があるということです。まずはその現実を自覚させることが大切だといいます。

もちろん、人によって異なるとは思いますが、婚活において、それほどに年齢は重要なのです。「結婚をするなら早い方がいい」というのは、結婚相手の選択肢を広げることにもなります。婚活は1歳でも若いうちにはじめることが大事なのです。

会員の年齢は年々、上昇傾向にあるそうです。ちなみに、20年前の会員の男女比率は、男性6に対して女性4でしたが、今はその逆で、男性4に対して女性6の比率だそうです。

山田さんのお見合い塾は、一昔前までは考えられなかった、同時期の重複交際を容認し、効率性を重視するという、現代ならではのお見合いシステムをつくりあげています。

時代の流れを先取りし、データよりも実体験をもとに、結婚という一番のご縁をサポートする事業は、勉強になることも多く、いろいろな商売のヒントにもなっています。

少子化の時代に、国の将来にも貢献している山田さんのチャレンジを私はこれからも応援したいと思っています。

| Profile |

山田由美子（やまだ・ゆみこ）

株式会社お見合い塾主宰。1958年大阪府生まれ。30歳を目前にお見合い活動開始。1年間で80人の男性とのお見合いを経験し、2年目に結婚。結婚情報サービス会社、結婚相談所の勤務を経て、1997年に仲人業として独立。

現在は、結婚相談所と仲人の利点を活かしたお見合い塾を開業。今までに約2200組（2018年現在）を成婚に導いている。

「世界の山ちゃん」に学ぶサービス精神

元・株式会社エスワイフード
代表取締役会長　**山本重雄**

手羽先で有名な居酒屋チェーン「世界の山ちゃん」などの飲食店経営やオリジナル商品・グッズ販売を展開している株式会社エスワイフードの創業者、山本重雄さんはとてもユニークでサービス精神旺盛な方でした。「世界の山ちゃん」は、山本さんをモデルにしたイメージキャラクター「鳥男」がおなじみで、ご存知の方も多いのではないでしょうか。国内はもとより海外（香港、タイ、台湾、マレーシア）にも進出しています。

山本さんは２０１６年、まだ早すぎる59歳という若さでお亡くなりになられました。

山本さんとの出会いは、今から10年ほど前、株式会社タニサケ会長の松岡さんから「いい人がいるから会っておいで」と紹介していただいたのがきっかけでした。私は愛知県名古屋市にある会社に伺い、そこでいろいろなお話を聞かせていただき、その後も会合などで顔を合わせる機会が多くありました。

まず印象に残っているのが、「立派な変人たれ！」という会社の経営理念です。

『変人とは個性的であり、他の人とは違う事。人と違う事を恐れず、誇りに思う事。そして、変化する人の事。変化とは成長する事でもあります。

立派でありそして変人であれ！立派な人間になる為には、礼儀挨拶、親孝行、世の中への貢献等たくさんあります。まず立派な人間になろうと思いそしてその為の行動を実践することです。

エスワイフードの社員として、お客様、業者様、そして共に働く同志と仕事を通して人格を磨き、立派な人間となり、店を変え、地域社会を変え、日本を変え、立派な国造りをし、世界を変える事を目指します。それが立派な変人たれ！の意味です。

この会社のメニューを皆が体験して自らを磨き、成長させ立派な人間になる事を願っています』（「世界の山ちゃん」ホームページより）

この経営理念は、とても素晴らしいと同時に、「立派な人間たれ！」と表現してもよいところを、あえて「立派な変人たれ！」という言葉に置き換えたことで、インパクトのある言葉として強く印象に残ります。こうした感覚、発想が山本さんのすごいところで、私もすっかりこのフレーズを覚えてしまいました。

そして、山本さんの奇抜な発想の最たるものが、「世界の山ちゃん」で行なわれている手品のサービスです。

「世界の山ちゃん」では、全店舗で手品のサービスを行なっているのですが、当時、山本さんは各店舗のスタッフに手品の指導もしていました。

もともと手品が大好きだった山本さんは、「幻の手羽先や料理ができるまでの待ち時間にも、お客さまに楽しんでもらいたい」と、ホスピタリティの一環として、このサービスを思いついたそうです。

私が居酒屋のサービスとしてパッと思いつくものと言えば、例えば、割引券やスタッフの笑顔、お店に来てくれた方へのお礼のメッセージなどでしょうか。

しかし、居酒屋で手品という発想は、なかなか思いつくものではありません。いくら手品が好きだとはいえ、それを店と結びつけて実行してしまう山本さんの発想と行動力に驚かされます。

「世界の山ちゃん」は、「名物 幻の手羽先の店」というイメージだけではなく、「『世界の山ちゃん』というネーミング」「山本さんをモデルにしたイメージキャラクター」「手品が見られる店」……といった他の店とは明らかに異なる特徴を打ち出していったことで話題となり、知名度が高まったと言えるのではないでしょうか。このイメージ戦略も目を見張るものがあります。

そんな山本さんですが、創業当時は、自分がお金を貯める事だけを考えていたそうです。それが、人との出会いをきっかけに、経営者の役割は社員を守る事だと気づかされ、社員を守れる会社にするために人を育て、店を育てていったそうです。その結果、多くのお客さまに支持される店となった、と語っていました。

私が目にした「世界の山ちゃん」は、おもてなしの心を大切にし、とにかくお客さまを喜ばすことを考え、それをすぐに実行してしまう行動力がありました。

また、社員やスタッフのやりがいや成長についても考え、新人スタッフの為のトレーニング店舗やテストキッチンを設置し、社内コンテストやバーベキュー大会などのイベントにも力を入れていました。

山本さんは、お客さまだけでなく、社員やスタッフも大事にする、すべての人を喜ばす精神にあふれていました。

山本さんからは、こうした人を喜ばすサービス精神を学ばせていただき、私の会社の従業員に対して、まだできていなかったことを気づかせてくれました。

手品は不器用なので教えることはできませんが、山本さんと出会っていなければ、従業員や家族の誕生日にプレゼントを贈ったり、ユニークなプレゼント企画をすることもなかったかもしれません。

| Profile |

山本重雄（やまもと・しげお）

1957年生まれ。岐阜県関市出身。岐阜県立武義高等学校卒業後、海上自衛隊に入隊。当時、キャバレー王と呼ばれた福富太郎の本に出合い、一念発起し、1981年に「串かつ・やきとり・やまちゃん」を創業。その後、「世界の山ちゃん」と改名し、「幻の手羽先」と「イメージキャラクター鳥男」で知られる居酒屋チェーンとなった。

現在、「世界の山ちゃん」を経営する株式会社エスワイフードは、夫人の久美さんが会社を引き継いでいる。

固定観念にとらわれない思考力と実行力

株式会社Ｙｕｋｉプランニング
代表取締役社長　中川博之

企業のブランディングやＩＴコンサルティングなどを中心に、ＷＥＢ制作やＤＴＰ制作、映像制作、フェイスブック運用などのサポートを行なっている、株式会社Ｙｕｋｉプランニング代表取締役社長の中川博之さんをご紹介します。

中川さんは、弟の中川康之さんと一緒にいくつかの会社を経営されていて、２０１１年２月より、関西から世界へ発信するファッションイベントとして、京セラドーム大阪で誕生した日本最大級のファッションエンターテイメント「関西コレクション」を手掛けています。

中川さんは、この関西コレクションがプロデュースするモデル・ダンスアカデミーの関西コレクションエンターテイメントの代表取締役副社長も務め、モデルやダンサーなどの育成も行なっています。関西コレクションエンターテイメントには、モデルやダンサーの卵たちが約1200名所属しており、関西では最大規模のキャストを抱えています。アカデミーは大阪校の他に、神戸、京都、奈良、福岡でも展開しています。

中川さんは、ジムで鍛えられた体と陽に焼けた黒い肌が印象的な方で、友人の紹介で知り合いました。話をしてみると、WEBやSNSの特性に詳しく、その重要性についても熟知していました。ちょうどその頃、若い人に向けてお菓子の魅力をどのように発信したらいいのか考えていたので、すぐに意気投合し、何か一緒にできないかという話になりました。

ここ数年、お菓子業界の売り上げは、少子化などの影響で横ばいの状態で、全体の消費は落ち込んでいるのが現状です。

お菓子の最大のライバルとなっているのが、携帯電話やゲームへの課金で、携帯に負けているこの状態をなんとかしなければ、今後、お菓子の売り上げはどんどん減り続け、このままでは先がないと強い危機感を覚えていました。

そんな中、私は若い人たちの間でのツイッターやインスタグラムなどのSNSの発信力と影響力に注目していました。

彼女たちのフォロワーをうまく活用して、プロモーションをできないかと考えていたこともあり、2018年の4月から関西コレクションエンターテイメントとタッグを組んで、2か月ごとにイチオシ商品の情報を所属モデル・ダンサーさんたちのSNSから発信しています。

これは、はじめてのお菓子業界とファッション業界のコラボレーション企画として、いわば携帯ゲーム業界に挑戦状をたたきつけたと言ってもよいのかもしれません。

このSNSの発信については、ひとりひとりのモデル・ダンサーさんのやる気が出るように、「コメントの文章が上手な子は表彰します」と中川さんに提案したところ、「それはいいですね！」と、取り入れてくれました。私は冗談半分で「表彰するという企画は私が考えたのですから費用は安くしてくださいね！」と言ったら、中川さんは笑っていました。費用が安くなったかどうかは定かではありません……（笑）。

さて、関西コレクションエンターテイメントは、モデルやダンサーを目指す人たちのための学校ですが、様々なショーやイベントなどに派遣するモデル事務所でもあります。一昔前のモデル事務所と言えば、きれいでスタイルばっちりの方だけが所属できるというイメージがありましたが、こちらでは、容姿も十人十色で様々なキャラクターのモデルやダンサーの方たちが所属しています。

今は、容姿がきれいなだけでは不十分で、個性的なキャラクターが求められる時代であり、逆にルックスに少々難があっても、人とは違う魅力的な個性や技能などがあれば、人気が出ることもある時代なのかもしれません。

モデル事務所は容姿が一番というこれまでにあった固定観念にとらわれずに、個性的なモデルさんやダンサーさんを積極的に育てている中川さんの思考力と実行力を見習いながら、ネットやＳＮＳを活用した取り組みについても継続して行なっていきたいと考えています。

Profile

中川博之（なかがわ・ひろゆき）

株式会社Ｙｕｋｉプランニング代表取締役社長。株式会社関西コレクションエンターテイメント代表取締役副社長。株式会社関西コレクション取締役。桃山学院大学在学中に交換留学にて中国北京へ留学。大学卒業後は、香港で貿易関係の仕事に携わり帰国。

その後、飲食店の経営を経験した後、２００８年、株式会社Ｙｕｋｉプランニングを設立。そして、株式会社関西コレクションを設立し、関西コレクション実行委員会のメンバーとして、主にWEB、SNSでのプロモーションやマーケティングなどを担当。

「関西コレクション」は、２０１８年も人気モデルやアーティストなど多数が参加し、盛況のうちに幕を閉じ、関西の街から日本、そして世界へと発信し続けている。

アイデア社長から学んだ優しさと行動力

株式会社サンクレスト
代表取締役社長　植田　実

携帯電話の覗き見防止液晶フィルター「メールブロック」や、携帯電話の液晶フィルム、スマートフォンアクセサリーなど、様々なオリジナル商品を開発、製造販売している株式会社サンクレスト・代表取締役社長の植田実さんをご紹介します。

植田さんとは、経営コンサルタントの菅生新さんの紹介で知り合い、今では私の誕生日会などプライベートの会にも来てくれたり、植田さんの社会貢献活動に私が参加したりと、とても仲よくさせていただいている方のひとりです。

植田さんは、発想豊かな企画開発力のある方で、これまでに数多くのヒット商品を生み出しています。また、アイデアマンというだけでなく、親しみやすいキャラクターで、人を巻き込み、自分のペースに引き込んでいく能力にも長けています。

さらに、人並み外れた行動力には目を見張るものがあり、私とは真逆のバイタリティを持っています。

私は、人とのご縁というものは、自分からあえて求めていくものではなく、必要なご縁は待ち構えていれば自然とやってくるものだと思っています。そして、やってきたご縁は、自分にとって必要か必要でないかを見極めることが大事だと考えています。

無理にご縁を作ってもうまくいかないという経験もあり、ご縁に対して私は、いわゆる「待ち」の考えを持っているのですが、それに対して植田さんは、自分から積極的に求めていく「攻め」の考えの持ち主と言っていいでしょう。

植田さんは、ご縁というものは自分から動けばできるものだと確信していて、この人とつながりたいと思ったら、相手が誰であろうと自分から会いに行く方です。

例えば、相手がどこかで講演会をしているとわかれば、その講演を聞きに行き、接触を図り、1回でうまくつながることができなければ、ご縁が成就するまで5回でも6回でも講演を聞きに行きます。講演会では、相手の印象に残るように、必ず一番前の席に座るそうです。それが東京であろうと、名古屋であろうと、北海道であろうと追っかけていき、仕事を二の次にしてでもそれを最優先にしてスケジュールを立てるほどです。また、会社の誰かを代わりに行かせたりするなど人任せにはせず、すべて本人自ら が足を運んでいることもすごいことです。

ご縁を作っていくその執念には凄まじいものがあり、そうしてつながったご縁も無駄にせず、きっちりと生かしていることも本当に感心してしまいます。植田さんにとっては必要なご縁だからこそできる行動なのかもしれません。私にはとてもではありませんが、真似なんてできません。

このように、私と植田さんは真逆のところにいるため、最初に会ったときは、正直なところ、この人とはあまり仲よくなれないかもと思っていました。

植田さんは躊躇なく前へと出ていくタイプで、私も出るときは出ますが、自分とは正反対な考え方だったので、連絡先の交換はしましたが、はじめの1年間は自分から連絡をすることはありませんでした。

植田さんが設立した「一般財団法人 青少年夢応援隊」の社会貢献活動についても、素直に受け入れることができませんでした。

様々な環境により夢をあきらめなければいけない子ども達を支援しているこの活動のお誘いがあっても、仕事が忙しいこともあり、ほとんど断っていました。それでも、何かの会合などで植田さんと顔を合わせると、気さくに話しかけてきてくれたりして、本当に人に優しい、いい人なんだなと思うようになっていきました。

そのうちに、植田さんにいろいろな人を紹介したり、紹介してもらったり、気がつくと、今年から植田さんの活動に参加するようになっています。

植田さんが本気で取り組まれている熱意を感じ、当初感じていた印象は180度変わって、こんな私でも何か役に立てればと思うようになりました。

植田さんの活動に刺激され、私も地元の子どもたちに喜んでもらいたいという思いから、子ども食堂のお菓子版ともいえる、お菓子と飲み物が全部無料の「お菓子のデパートよしや　ちびっこお菓子ランド」を今年からはじめています。

| Profile |

植田 実（うえだ・みのる）

株式会社サンクレスト代表取締役社長。1953年、大阪府東大阪市生まれ。1987年、株式会社サンクレストを設立。メールブロック、ジュエリーシールなど、数々のオリジナル商品を開発。

2011年、東大阪市の6000社の中で「東大阪市優良企業賞」を受賞。2012年、一般財団法人青少年夢応援隊を設立。社会貢献活動にも尽力している。

経営哲学と交友関係を減らすススメ

カレーハウスCoCo壱番屋 創業者
宗次德二

国内最大手のカレー専門店チェーン「カレーハウスＣｏＣｏ壱番屋」の創業者の宗次德二さんとのご縁は、今から二十数年前の、私がまだ社長に就任する以前に、書店で宗次さんの著書を偶然見かけて、手に取ったのがはじまりでした。

宗次さんが社長時代に出版された『成功するカレーハウス 驚異の社長製造法』、『繁盛させたければお客様の声を聞け！』には、経営者としての考え方、経営の極意など、宗次さんの生き方と経営哲学が書かれていました。

その後、ご縁があって、松下政経塾の講演会に出席したときにお会いし、直接お話をさせていただく機会にも恵まれました。また、何度か講演のお願いをして会社にも来ていただき、これまでに3～4回お会いしています。

宗次さんは、1978年に「カレーハウスCoCo壱番屋」を創業し、1982年に株式会社壱番屋を設立しました。お客さま最優先のサービスで売り上げを伸ばし、全国展開するまでに拡大。2002年に経営の第一線を退くまで20年連続で増収増益を実現し、店舗数は現在、国内外で1400店舗を越えています。

社長時代の宗次さんは、毎朝4時10分に起床し、4時55分までには出社。各店舗で回収したお客さまからの1000通以上のアンケートに3時間以上かけて目を通すのが日課でした。アンケートを確認した後は、清掃や会議、店舗の巡回などを行ない、1日15時間以上働くうえ、土日祝日も関係なく働いていたことを知り、本当にすごい方だなと思っていました。

私も早起きが日課で毎日5時過ぎには出社していますが、宗次さんが4時に起床して出社しているということを知って、一時期それを見習い、4時に出社していました。2年間くらい続けていましたが、ちょっと続けていくのは難しいと思い、やめてしまいました。人それぞれですし、やるからには継続することが大事ですので、体力的なことも考え、今は5時過ぎの出社が日課になっています。

宗次さんは、「トップは誰よりも自分に厳しくやり続けることが大事で、経営者は誰よりも率先して朝から晩まで働き、経営のことだけを考えるべきだ」とおっしゃっていました。

また、社長時代は、クラブやスナックなどの飲み屋に行ったことはなく、旅行やゴルフも一切行かず、友達や人脈は少ないほうがいいという考えをお持ちでした。友達がたくさんいたら、そのつき合いに時間を取られてしまうので、仕事の邪魔になるとの理由から交友関係もあえて狭くしていました。

そして、宗次さんは徹底した現場第一主義で、お客さま本位の店舗づくりを意識して行なっていました。当時は、毎日のように店舗を回り、ときには、社長とわからないように変装をして店を訪ねたそうです。そして普通にカレーを注文し、味を確認して、その注文した品が出てくるまでの時間を測るなど、店舗ごとにカレーの味とサービスを指導していました。

また、「カレーハウスＣｏＣｏ壱番屋」を開業して間もない頃から、社会福祉施設などへの寄付を続けていました。現在も、「カレーハウスＣｏＣｏ壱番屋」を運営する株式会社壱番屋は、前年度利益の１％程度を毎年、寄付されているそうです。経営者は、慈善活動や寄付することが大事だと常々話されていて、寄付活動がさらに社会に広まっていくことが夢だと語っています。

2002年に会長職を辞任し、53歳の若さで引退。会社の経営を後継者に引き継いだ後は、NPO法人イエロー・エンジェルを設立し、慈善活動や寄付活動を続けていらっしゃいます。

社会貢献はとても大切なことです。私の会社の慈善活動への取り組みはまだまだですが、会社として国に税金をしっかり納めることで、社会に貢献できればと考えています。

世の中には何とか税金を減らすことができないかと、節税や脱税を思案する経営者が後を絶ちません。私の会社では節税などは行なわず経費を節約することで、少しでも多くの利益を出し、たくさんの税金を納められるように努力しています。国や地方のサービスや施設などが充実し、恵まれない人たちや、これから国を背負って立つ若者、そして高齢者の方たちの支えになればと思っています。

他にも、宗次さんが講演会で話されていた印象的な言葉があります。いくつかここにご紹介いたします。

「経営は悩みも多いが、経営ほど楽しいことはないし、社会に貢献できることもない」

「現場主義を貫くと、様々なヒントやタネが現場には落ちているもの。ただし、真剣に見ないと意外に見えないもの」

「自分のためにお金を使うことはむなしいもので、人のためにお金を使うことは最高の贅沢である」

「経営者は１００のうち98が仕事であるべき。３６５日１日12時間は働くこと」

「よいことは即効性がないことが多いが、やり続けると信頼されるもの」

「継続して栄えることが経営の極意、継栄である」

「経営者人生で一番の喜びは後継者に恵まれること」

「普段の行動において心がけていることは、一に超早起きをする。二に近隣の掃除をする。三に花を育てる。四にクラシック音楽を聴く。五に寄付をする」

「会社経営は甘いものではなく、朝から晩まで身を粉にして働かなければ、よい経営というものは難しい」


私は、これまで真剣に経営に取り組んできたと思っていましたが、まだまだということを宗次さんから教わりました。宗次さんから教わったことをお手本にして、会社の経営に生かし、さらに気持ちを引き締めて、仕事に邁進していきたいと思っています。

また、人との出会いやご縁を大切にすることは有益でよいことだと信じてきましたが、宗次さんのように経営に集中するために、あえてご縁を遠ざけるという考え方もあるのだということも学ばせていただきました。

| Profile |

宗次徳二（むねつぐ・とくじ）

1948年、石川県出身。1974年、喫茶店「バッカス」を開業。1978年、カレーハウスCoCo壱番屋を創業。1982年、株式会社壱番屋を設立。お客さま本位のサービスで売り上げを伸ばし、全国展開するまでに拡大。1998年、代表取締役会長に就き、2002年には役員返上する。2003年、困っている人、一生懸命な人などを支援するNPO法人イエロー・エンジェルを設立し、理事長に就任。2007年、クラシック音楽専用ホール「宗次ホール」をオープン。現在は、慈善活動に尽力し、講演活動なども精力的に行なっている。

人と人をつなげるひらめきと発想力

経営コンサルタント・
放送ジャーナリスト　菅生　新

テレビやラジオ番組のパーソナリティとしても活躍されている、経営コンサルタントの菅生 新さんは、俳優の菅田将暉さんのお父さんとしても有名な方です。

私が菅生さんと知り合ったのは、コメディアンの萩本欽一さんが司会を務めた、三重テレビの『欽ちゃんのニッポン元気化計画』で、２０１２年に番組から取材を受けたことがきっかけでした。菅生さんが担当していたのは、番組内の「菅生新の日々新たなり」というコーナーで、元気な企業やビジネスを紹介し、企業や商品の元気印を見つけて発信していくという内容でした。

菅生さんとはその後も、2015年に『Bプロジェクトたむら社長室』(お笑いタレントのたむらけんじさんがMCを務め、菅生さんがご意見番をしていた経済バラエティ番組)で、ご一緒させていただく機会があり、その頃から徐々に仲よくさせてもらうようになりました。

菅生さんは、人を選ばずに誰とでも仲よくしてくださる懐の深い人物で、様々な業種のベンチャー企業の経営者を中心に、幅広いつながりを持っています。

菅生さんは、「この人と、この人をつなげたらいいのでは!」という感覚やひらめきが飛びぬけていて、ジャンルの違う業種の人と人をつなげていく天才と言ってもよいでしょう。

私も同じお菓子業界で人と人をつなぐこともありますが、菅生さんは違う業種と業種の人をつないでしまうところがすごいところです。菅生さんがつないだご縁で、大きなビジネスに展開した例も少なくないと聞いています。

私に関しても、菅生さんがつないでくれたご縁も多く、今も親しくさせていただいている経営者の方もたくさんおり、大変ありがたく思っています。

菅生さんは、人と人を引き合わせることをしますが、その先の展開については自ら介入することはなく、あくまでも両者の相性やタイミングなどに任せています。菅生さんの紹介でうまくつながる方もいれば、そうでない方もいますが、そこまでしかやらないのが菅生さんの哲学で、無用なトラブルを避けるという意味でも、私も正しいやり方だと思っています。

今回、私がこの本を出版することになったのも、菅生さんの「経営者は本を書いた方がいいよ！」という声をかけられたことがきっかけでした。

私は「本に書くことなんてありませんよ」とやんわり断っていましたが、菅生さんは「大丈夫、書ける、書ける！」と軽くおっしゃり、さらに、私は一言も言った覚えはないのですが、「本当は書きたいと言っていたよ！」と軽いノリで勧められ、私も「そうでしたか！？」と苦笑いしながらも、「まぁ、これもご縁ですし、いい経験になるのでは」と思い、出版を決めたのでした（笑）。

菅生さんは、大阪人特有のちょっと話を盛るところもありますが、とても信頼のできる方です。また、何事にも真っ直ぐで失敗を恐れない感性の持ち主でもあります。

そして、メールのレスポンスの速さは業界一と言っても過言ではなく、もの2分もしないうちに返信があるほどです。つい先日もメールをしたら、すぐに返信がありました。やはり速かったです。

どの知人に聞いても、今まで出会ってきた方の中に、菅生さんのような方はいません。お名前の通り、スゴーい方といって間違いないでしょう。

| Profile |

菅生 新（すごう・あらた）

経営コンサルタント、放送ジャーナリスト。1959年、高知県生まれ。同志社大学法学部卒。主に、ベンチャー企業のコンサルタントとして各社顧問・講演・執筆・幹部教育などに活躍中。

次世代リーダーのための企業家勉強会「サクセスファイターズ」主宰。大阪市立大学非常勤講師。一般社団法人「アジア経営者連合会」顧問。

日本を元気にする発想と人を見る目

女優・落語家

三林京子

長年、舞台やテレビで活躍されている、女優で落語家の三林京子さんは、私の父の代からお芝居を見せていただいたり、ご自宅も近所というご縁で、とても親しくさせてもらっています。

三林さんは、1997年、京都・南座の芝居『海道一の男たち』で米朝一門と共演したのをきっかけに、3代目桂米朝に入門。当時、米朝師匠は、女性の弟子を取っていませんでしたが、一門初の女性落語家になり、入門して3か月で、「桂すずめ」の名を許されました。

それまで米朝師匠は、「すずめ」を継ぎたいという弟子がいても、誰にも継がせませんでした。しかし、米朝師匠は、落語未経験で入門してきた三林さんの短期間の努力を認め、「すずめ」という大きな名前を渡したと言われています。三林さんが46歳のときでした。

短期間で落語を習得できたのは、三林さんが文楽の人形遣いで人間国宝の二世桐竹勘十郎さんを父親に持ち、実弟も同様に人形遣いの三世桐竹勘十郎さんという伝統芸能が身近にある環境で育ち、三林さん本人も日本舞踊や三味線を嗜むことから、もともと芸の素養が身についていたからなのかもしれません。

入門当初、米朝一門には、女性の落語家はおらず、三林さんのことを快く思わない兄弟子もいたようです。

はじめて高座にあがったときも、普通は打ち合わせをするところ、三味線の師匠から打ち合わせはしないと言われ、そのまま高座にあがりました。

すると、演目の途中で、故意か過失か三味線の音がずれたのですが、三味線の経験があった三林さんは、慌てることなく見事に対応し、その場にいた方々から感心されたそうです。

46歳という年齢で入門した落語の世界で、洗礼を受けた三林さんでしたが、次第に米朝一門の一員に認められたのでした。


三林さんは、女優と落語家の他にも、様々な社会活動をされています。２０１８年の３月に退任されましたが、２００７年から大阪芸術大学短期大学部メディア・芸術学科専任教授を11年間、務めていました。

私が三林さんから聞いた話によると、三林さんは学生たちに常に考えさせることを教えていました。「この学科で何がしたいのか?」「将来、何がしたいのか?」こちらからは具体的な課題を与えずに、受動的ではなく能動的な教育を実践されていました。

例えば、学生から「ＹｏｕＴｕｂｅ用の映像を撮ってみたい」という話があれば、「全部、自分で準備して撮ってみなさい」と促し、学生から「照明は誰に頼めばよいでしょうか？」と言われれば、「それも全部、自分で探しなさい」と、スタッフ集めから映像内容、撮影方法、スケジュールなど、すべて本人にさせていました。

大学への許可などがあれば必要最低限のことだけはフォローしていましたが、基本的に学生たちの何がしたいのかを引き出し、後押しをするだけで、後はすべて本人の自主性に任せていたそうです。

関西の名門、灘高校でも同様の教育方法を行なっているという話を聞いたことがあります。

何事もお膳立てしてくれる教育に慣れていた学生にとって、考えさせるという教育は新鮮であり、自主性と考える力を養える、とてもいい教育方法だったのではないでしょうか。

「やることがない」「何がしたいかわからない」とやる気のない学生には、ときに「やることがないなら大学をやめなさい」と注意し、泣いてしまった学生や、その親からパワハラだとクレームを受けたこともあったそうです。

三林さんはこうしたクレームを逆手にとって、自分から「私はパワハラ教授」だと宣言していたこともありましたが、本来の三林さんは、ほとんどの学生から慕われる人気のある教授でした。

近頃はパワハラなどのハラスメントが社会問題になっていて、人を怒ることにも気を遣わなければならない時代になっています。しかし、三林さんは相手のことを思って厳しく指導することを変えませんでした。学生の多くは、本気で怒ってくれる三林さんを信頼していたこともあり、大きな問題に発展することはありませんでした。

三林さんは、１９９８年から２００２年まで大阪府の教育委員を務めていたこともありました。昔から教育の大切さを理解し、１９８０年代から２０００年代にかけて実施されたゆとり教育についても、一貫した考えを持っていらっしゃいました。

一般的に、ゆとり世代は「ダメだ」と言われてしまうことが多く、ゆとり教育といえば、あまりよくないイメージが定着しているように思います。それが残念でなりません。

ゆとり教育というのは、本来、教科書では学ぶことのできない自由な発想や表現力、判断力、人間性を養うためにはじまった教育でしたが、いつしか詰め込み教育から子どもたちを解放し、ゆっくりさせるという意味に履き違えられ、勘違いされている方も多いのではないでしょうか。

三林さんは、大学で学生たちに考える時間を与え、自主性を育む、本来のゆとり教育をされていました。ゆとり教育は、世界に通用する人間を育てるための教育とも言えるのです。

ゆとり教育の成功例として、メジャーリーグの大谷翔平選手やフィギュアスケートの羽生結弦選手など、世界で活躍されている方も多くいらっしゃいます。

本来の意味のゆとり教育を続けていれば、もっと優秀な人材を輩出できたのではないかと私も思っています。


三林さんは、地域活性化を目的とする町おこしのためのイベント「B―1グランプリ」の立ち上げメンバーのひとりでもありました。現在は、「B―1グランプリ」を主催する「愛Bリーグ」(ご当地グルメでまちおこし団体連絡協議会)の相談役を務めています。

「B－1」のBは、「B級グルメ」のことではなく、ご当地グルメのことで、現在は「ブランド(BRAND)」のBと定義しています。参加資格は、地域を元気にしようという志があり、一定の活動実績がある団体に限られています。

第1回の開催は、2006年に青森県八戸市で行われ、最初の開催ということもあり、来場者の数も少ないだろうと予想されていましたが、2日間で1万7千人も集まり、大成功となりました。このときは、全国から人が集まり、その人たちの宿泊先が確保できないくらい賑わいをみせたそうです。「B－1グランプリ」の投票方法は、気に入ったご当地グルメの投票箱に使い終わった箸を投票するというもので、この発想も斬新でした。

これまでに特別大会を含め、11回の大会が開催されています。「B－1グランプリ」の成功は、地方を活性化させるために、「ご当地グルメ」に光を当て、大会を開くというアイデアでした。

私も時流を読んで、様々なイベントや仕掛けを展開していますが、さらにお菓子業界を巻き込んだ何か新しいことができればと考えています。

三林さんは、学校教育にしても、「B－1グランプリ」にしても、日本をどうにかしたい、立て直したいという気持ちが根底にあり、商売はされていませんが、実業家的な思考を持っておられるすごい方だなと感じています。

そして、もうひとつ、三林さんが私にしてくれた興味深い話をご紹介します。

それは、三林さんが美容室チェーンを大きく展開しているオーナーから聞いた、「新入社員が将来、大成するかどうか見分ける方法」についてです。

そのオーナーは、新しい社員の1週間の行動を見ていれば、将来、成功するかどうかがわかるとおっしゃっていたそうです。三林さんは、挨拶がしっかりとできるかどうかではないかと思ったそうです。

しかし、返ってきた答えは意外なもので「食べ物で、新入社員が昼食に何を食べているかで成功するかどうかがわかる」というものでした。

その美容室には小さなキッチンがあり、何年かにひとりくらいの割合で、昼食にそのキッチンで料理を作って食べる子がいるそうです。そういう子がほぼ１００％でトップスタイリストになり、独立しても大成功することが多いのだそうです。そして、次に成功するのがお弁当を持参して食べている子で、カップ麺やコンビニの弁当等の工場のマニュアルで製造された食事を、毎日平気で食べ続けている子は、まず大成しないということでした。

三林さんは、この話を聞いてから周囲の人が昼食に何を食べているのかを気にするようになり、舞台で一緒になった俳優さんの食事を20年以上ずっと意識して見ていたら、美容室のオーナーさんが言っていたことは間違っていないことがわかったと言うのです。

それは、三林さんが10年以上前、若い２人の俳優が主演する舞台に出演していたときのこと。一方のとにかく目立つイケメン俳優の方は毎日、コンビニ弁当を食べていて、もう一方のあまり特徴のない俳優の方は毎日、自分で弁当箱にご飯とおかずを詰めて持参し、食べていました。

それから何年か経って三林さんは気づいたのですが、コンビニ弁当ばかりを食べていたイケメン俳優の方はどこに行ってしまったのかわからなくなり、あまり特徴のなかった俳優の方は劇団を立ち上げ、今も現役で頑張っているそうなのです。

名は体を表すではありませんが、職＝食で、「ちゃんと食事をしている方は、仕事もちゃんとしている」ということなのかもしれません。

「青年塾」の上甲晃さんも同じようなことをおっしゃっていました。「自分たちで食べるものは自分で作るのが基本で、自分のことができない者が何かを成し遂げることなどできるわけがない」と。これは松下幸之助氏の考えにもつながっています。

女優、落語家、社会活動と多方面で活躍されている三林さんには、これからも教育でも町おこしでも、是非また日本を元気にする何かを仕掛けて欲しいと頼んでいます。

ご本人は、大学での教育はすでに成長している学生が対象でしたので、もっと子どものうちから教育をしたいと話されていて、子どもの教育だけでなく、親を含めた教育が実現できないものかとおっしゃっていました。

是非、これを実現するとともに、三林さんのような考え方を持っていらっしゃる方が、もっともっと活躍できるような社会になればと思っています。

| Profile |

三林京子（みつばやし・きょうこ）

女優、落語家。三代目 桂すずめ。1951年、大阪府大阪市出身。1965年、山田五十鈴氏のもとでつき人修行をはじめる。1970年、芸術座「女坂」瑠璃子役で初舞台。1975年、NHK大河ドラマ「元禄太平記」のおとき役でテレビデビュー。ゴールデンアロー新人賞、日本映画・テレビ製作者協会賞受賞。1992年、大阪市いちょう大学（高齢者大学）初代学長。1997年11月、桂米朝に師事、「桂すずめ」の名前を許される。

三林京子さんご近影。

[第3章]

私が出会った
芸能人・アスリートetc...の
ちょっといい話

人気お笑い芸人から学んだ仕事に対する覚悟

お笑い芸人 ノンスタイル

井上裕介

人気お笑いコンビ、ノンスタイルの井上裕介さんと言えば、ご存じの方も多いのではないでしょうか。「M－1グランプリ２００８」で優勝するなど、実力派漫才コンビとして知られています。

私が井上さんにはじめて会ったのは、今から10年ほど前になります。私が知り合いの誕生日会に誘われて顔を出したところ、そこに井上さんもいて、紹介されたのが出会いのきっかけだったと記憶しています。そのときから井上さんに興味を持った私は、プライベートで一緒にご飯を食べに行ったり、お互いの誕生日会を開いたり、十年来の友人関係を続けています。

最初に会ったときは、私も関西人で、やっぱりお笑いも好きですので、もちろん顔と名前は知っていました。彼らのネタも何かのテレビ番組で見ていて、前から面白いコンビだなと思っていました。

そんな井上さんの第一印象ですが、当時は確か「M―1グランプリ」で優勝した直後だったはずですが、とにかく腰の低い方だなという印象でした。礼儀正しく謙虚さがありました。それに、私が話をすると、必ずきちんと正面を向いて話を聞いてくれる姿勢が印象的で、いつでも周囲に気を遣う、すごく繊細な方だなと感じました。出会ってから10年ほど経ちますが、その印象は今も変わっていません。

井上さんの行動は一貫していて、人を大事にすること、人を喜ばすことに、いつも全力です。また、人によって態度を変えないところもすごいと感心しています。

態度を変えないのは、井上さんの後輩に対しても同じです。まだ私が井上さんに出会って間もない頃、井上さんがまだ20代の頃だったと思いますが、大阪で井上さんと、後輩芸人2人と私の4人で食事会をしたことがありました。そのときに知り合いの女の子4人も参加したのですが、女の子の目当てはあからさまに井上さんで、後輩の2人はつき添いといった感じに見ているように思えました。

会がはじまると、女の子たちは井上さんには気を遣って愛想を振りまいていましたが、後輩には冷たい態度をとっていました。その頃は井上さんも若く、とがっていたのでしょう。そんな女の子たちの態度に気づいた彼は、ブチ切れて、「何だその雑な扱いは！」と一喝して、空気の読めない女の子たちを家に帰らせたのです。

真面目な井上さんは、人を見て態度を変える女の子たちのふるまいがどうしても許せなかったのでしょう。普段、テレビでは見ることのできない男気ある井上さんの姿に、とても驚きました。

今思えば、後輩思いとはいえ、大人気ない行為だったかも知れませんが、井上さんの人柄があらわれていて、私には人間的な魅力として映りました。こういう気遣いのできる井上さんのもとには、彼を慕う後輩が集まってきます。

そんな井上さんに、私はあるとき、「井上さんは自分がなぜ売れたと思う？」と、質問をしたことがあります。すると井上さんは、「成功の秘訣は、いろいろなことをアドバイスしてくれ、助けてくれた仲間のお陰というか、人のつながりのお陰です」と答えてくれました。

井上さんは、自著にも書かれていますが、「信条は、今を楽しく精一杯に」「嫌な気持ちを次の日に持ち込まない」「自分の能力に過信しない。でも自分の能力は信じる」と常日頃から言っています。

また、「僕らは、面白くない、終わっているな、と思われたら職がなくなるんです。だから1回の失敗も許されない」と、仕事に対する覚悟を語っていたことを覚えています。

私も本気で事業に取り組んでいますが、失敗を恐れてはいけないし、もしダメなら取り返せばいい、とそういう気持ちでやっていますが、井上さんの場合は、常に自分を追い込んで仕事をやっていることに、すごいなと思わされます。プロの世界は厳しいものなのだと感じました。

以前、井上さんはナルシストでウザいキャラとして定着していましたが、本当の井上裕介という男は、いつも真剣で熱い男で、井上さんと接していると、自然と男でも女でも好きになる、そんな人間力というものを持っている方だと、はっきりと言えます。

連絡がマメなところも井上さんが愛される理由のひとつです。メールやＬＩＮＥの返信の速さはピカイチで、送るとすぐに返信が帰ってくるのが常です。平均すると5分以内に必ず返事があります。返信に1日以上かかったことはありません。番組の収録中にも携帯を手放さず、こっそり返信しているんじゃないかと疑うほどです（笑）。

人気者の井上さんのＬＩＮＥ仲間は１０００人近くいると思われますので、返信の速さと、ずば抜けたマメさが身についているのでしょう。

彼が送ってくるメールの文章には特徴があって、必ず決まった絵文字を3つ重ねるのが定番になっています。これは、どうやらジンクスがあるようで、過去にこの絵文字を送ったことでラッキーなことがあったようですが、その内容についてはまた今度、聞いてみたいと思います。

そろそろ結婚のことも考えているようで、はやく結婚したいとよく言っています。

人として、とても魅力的な方ですが、仕事が一番で、後輩など男同士の関係も大事にしたいと考える井上さんは、常に全力投球なので、仕事が終わって家に帰るとくたくたになってしまうことが多いようです。そんな彼を家で待っていて、やさしく癒してくれる女性があらわれればいいのですが、特に若い女性の場合は、自分の話を聞いてほしい子が多いような気がします。仕事で疲れている中、話を聞くのは大変なので、若い女性とのつき合いはうまくいかないのかもしれません（笑）。

本当に余計なお世話ですが、彼の結婚相手には、繊細な井上さんの話を聞いてあげる女性の方が合うような気がしています。井上さんと結婚したい方はそういったポイントを押さえるといいかもしれません。あくまでも私の私見ですか。

最後に、井上さんと親しいことから、相方の石田さんについてもよく聞かれることがありますが、石田さんとのつき合いはありません。

井上さんのお笑いライブに招待されて行くこともありますので、そのときに、石田さんと連絡先を交換することもできますが、コンビの場合、片側と親しくすると、もう片側の方とは連絡をとらないという、暗黙の了解というものがあるような気がします。

他の芸人さんともつき合いがありますが、コンビの場合、やはり連絡を取るのは片側の方だけです。井上さんとの食事会などでも、相方の話題が上がることはまずありません。

決して仲が悪いわけではなく、プライベートをはっきりと切り離しているコンビが多くいらっしゃるからだと思います。

| Profile |

井上裕介（いのうえ・ゆうすけ）

1980年3月1日生まれ。大阪府出身。お笑いコンビ・ノンスタイルのツッコミ担当。中学生のときに出会った相方・石田明と2000年5月にコンビ結成。2007年、『NHK爆笑オンエアバトル チャンピオン大会』優勝、2008年、『オートバックスM―1グランプリ2008』優勝など、数々のタイトルを獲得。

著書に『スーパー・ポジティヴ・シンキング―日本一嫌われている芸能人が毎日笑顔でいる理由―』（ワニブックス）、『マイナスからの恋愛革命―スーパー・ポジティヴ・シンキング Chapter of Love―』（ヨシモトブックス）等がある。

人と人とのつながりを大事にする日記力

歌手（元・愛内里菜）

垣内りか

歌手の垣内りかさんは、もともと「愛内里菜」という芸名でデビューし、抜群の歌唱力とアイドル並みのルックスで人気歌手として活躍されていました。

垣内さんとの出会いは、今から13～14年前、はじめに彼女の妹さんと知り合いになったことがきっかけでした。垣内さんの妹さんは、私の知人が経営しているネイルサロンのお客さまで、その知人に紹介してもらったのがはじまりです。

当時の垣内さんは、まだ愛内里菜さんのお名前で活動されていて、ちょうど人気絶頂の頃でした。しかし、私は恥ずかしながらミュージシャン関係の方には疎く、正直なところ、彼女のことを知りませんでした。

妹さんを経由して紹介してもらった垣内さんの最初の印象は、今どきの女性という感じでしたが、お話してみると、とてもしっかりとした考えを持っている、頭のいい方だなと思いました。

その後、何人かの友人と妹さんと一緒に、何度か食事をしたりする機会があり、あるとき、妹さんから、「実はお姉ちゃん、デビューしてから毎日ずっと、日記をつけているんですよ」という話を聞きました。毎日、日記をつけるなんて私にはできないなと思いながら、詳しく話を聞くと、日記には自分のことを書かずに、その日に出会った人のことを書き留めているとのことでした。

妹さんと一緒に食事をご一緒させてもらった垣内さん。

本来、日記といえば、自分に起こった出来事や思ったこと、感じたことなどを書くのが普通ですが、垣内さんの場合、その日に会った相手の名前や年齢、職業、その日、何の話をしたか、といったことを、事細かく日記帳につけていると言うのです。

例えば、出会った人とペットの話をしたとしたら、話した内容をこと細かく書いておくそうです。そして何年後かに、その人と再会したときに、以前話した、そのペットの話をするのです。垣内さんが、昔話したことを詳しく覚えてくれていたらどう思うでしょうか。その相手は、きっと感動し、それが有名人の垣内さんだったら尚のこと、うれしく思うはずです。日記というよりも、メモに近いのかもしれませんが、垣内さんは、ひとつひとつの出会いを忘れないようにと、デビューしてから毎日欠かさず書いていたそうです。

当時、歌手として精力的に活動しながら、人気絶頂で忙しい中で、人と人とのつながりを大事にする彼女の姿勢と、その強い意志に、私は非常に感心してしまいました。

垣内さんの歌唱力は誰もが認めるところでしたが、こうした垣内さんの、人知れぬ努力によって、歌手としての才能と、人としての魅力をさらに押し上げ、引退するまでの間、人気を保ち続けることができたのではないでしょうか。

歌手としての努力と、人と人とのつながりを大事にするその姿勢は大変素晴らしく、見習うべきところだと思っています。

| Profile |

垣内りか（かきうち・りか）

1980年7月31日生まれ。大阪府東大阪市出身。2000年に、歌手「愛内里菜」としてデビュー。

4枚目のシングル「恋はスリル、ショック、サスペンス」がアニメ『名探偵コナン』の主題歌に起用され大ヒット。ファーストアルバム『Be Happy』がオリコンランキング3位を記録。

2003年にはNHK紅白歌合戦出場。2000年から2010年まで歌手活動をおこない、2010年12月31日をもって引退。

引退後は、ドッグブランド「Bon Bon Copine」のプロデューサーに就任し、現在は、ペットライフアドバイザーとして活躍。2015年から歌手活動を再開している。

熱き男から学んだ気遣いと身だしなみ

俳優 **吉田栄作**

吉田栄作さんとはじめて知り合ったのは、今から10年ほど前、ＮＨＫの朝の連続テレビ小説『だんだん』で三倉茉奈さん、佳奈さんの演じる主人公の父親役を演じていた頃です。

このドラマで吉田さんは、元プロボクサーのシジミ漁師の役柄でした。このとき、吉田さんが、私が習い事で通っていたボクシングジムに、撮影で訪れたのがきっかけで知り合ったのです。

私はデビュー当時の人気絶頂の頃の吉田さんも知っていましたので、見学していたときは、「あの吉田さんだ！」と思ったのを覚えています。

撮影の合間に、お話をする機会があり、そのときは初対面にもかかわらず、とにかく熱い男だな、という印象でした。

話し方もあると思いますが、一言一言、発する言葉に熱がこもっているのです。それは、私の質問に真っ直ぐに答える真摯な姿勢、真面目さと言い換えてもよいのかもしれません。この熱い男という印象は、今でもずっと変わることはありません。

このご縁がきっかけで連絡先を交換し、ＮＨＫのドラマの打ち上げにも呼んでいただきました。

その後、このドラマは舞台化され、大阪での公演のときにもお邪魔させていただきました。それからは、吉田さんが大阪に来られた際、時間が合えば、食事に行くなど、親しくさせてもらっています。

そんな吉田さんと出会って、すごいと関心したことは、電話でのお返事がとてもマメで速いということです。

私が電話連絡をして、吉田さんが出られなかったときに、すぐに折り返しがあり、有名な方なのに律儀な人だな、と感心したことをはっきりと覚えています。

私にとって、吉田さんはメールよりも電話という印象が強く、私との連絡もほとんどが電話でした。とにかく電話がマメな方で、私も目撃したのですが、仕事やプライベートに関係なく、お世話になった人には、何か恩義を感じたら、すぐに直接自分でお礼の電話をする方でした。

他の俳優さんがどのようにしているのかはわかりませんが、トップレベルの俳優である吉田さんが、お礼の電話をマネージャーさんなど人任せにするのではなく、自らしていることに本当に驚いたのです。

吉田さんは、今でもお世話になった方へのお礼の電話は、ずっと自分でかけているそうです。吉田さんの俳優としての存在感は言うまでもありませんが、こうした気遣い、心遣いが、芸能界の一線で活躍し、輝き続けている吉田さんの地盤になっているのだと思いました。

また、相手によって連絡の手段を変えることが大事だと気づかせてくれたのも吉田さんでした。

毎日、忙しくしている方には、相手が都合のよい時間に返信できるメールで連絡し、メールが苦手だったり、お互いの声を聞いて話すことが好きな方には電話をかけるようにしています。文章でのやり取りを好まれる方や、筆マメの方にはハガキでやりとりをするなど、時と場所と場合に応じて、何がベストなのかを常に考えて、連絡手段を選択するようにしています。

連絡の返信のスピードも、もちろん大事ですが、相手によって連絡の手段を変えることも大切だということを学んだのでした。

そして、もうひとつ印象に残っているのが、いつ何時でもハンカチとティッシュペーパーを必ず携帯していることです。

私は吉田さんに会うまでに、男性でハンカチとティッシュの両方を持っている人に会ったことがありませんでした。頻繁に利用しているわけではありませんが、高速道路のサービスエリアのトイレでハンカチを使って手を拭いている人も見たことがなかったのです（最近の公衆トイレにはエアータオルが常備されているので、余計にハンカチを持っている人は少ないのかもしれません）。なので、ハンカチだけでなくティッシュまで持っている吉田さんに、軽いカルチャーショックを覚え、大変気になったのです。

吉田さんほどの男前の方が、最低限の身だしなみに気を遣っているわけですから、私みたいなそうでない部類の者が、ハンカチくらい持たなければモテるわけがないと痛感しました。

吉田さんにとっては当たり前のことだったのかもしれませんが、吉田さんの常識に感化され、このときから私もハンカチとティッシュを持ち歩くようになりました。吉田さんと出会わなければ、私がハンカチを持ち歩いたり、そのことを気にしたりすることはことはなかったと思います。さらに、吉田さんの真似だけではいけないと思い、今では、ハンカチとティシュ以外に、ウェットティッシュも持ち歩くようにしています（笑）。

| Profile |

吉田栄作（よしだ・えいさく）

1969年1月3日生まれ。神奈川県出身。1988年、「ナイスガイ・コンテスト・イン・ジャパン」でグランプリを獲得し、映画『ガラスの中の少女』でスクリーンデビュー。

俳優以外に歌手としても活動し、1990年、チューリップのヒット曲をカバーした「心の旅」は大ヒットし、NHK紅白歌合戦にも2回出場。1993年には、ドラマで共演した女優・仙道敦子とのユニットNOAのシングル「今を抱きしめて」で、第36回日本レコード大賞優秀賞を受賞した。

2003年、大河ドラマ『武蔵』、ドラマ『ブラックジャックによろしく』の演技が評価され、ギャラクシー賞の奨励賞を受賞。その後も様々な役柄で話題の映画やドラマなどに出演されている。

世界の北野も習慣にしているトイレ掃除

タレント・映画監督　**北野武**

テレビの司会やコメンテーター、俳優、映画監督、小説家など、多方面で活躍されている、言わずと知れた北野 武さんについて触れたいと思います。

私は北野さんとは直接、お会いしたことはないのですが、もちろんテレビや映画も拝見していますし、多才ですごい人だなといつも思っています。

私が北野さんに強く興味を持ったきっかけは、実は北野さんもトイレ掃除を習慣にしているということを知ったからです。

北野さんは浅草での修業時代、師匠の深見千三郎さんに弟子入りし、下積みをされていたそうなのですが、芸人として思うようにいかず、悩んでいた時期もあったそうです。

そんなとき、北野さんは師匠に「芸人としてやっていく自信がない。どうしたらいいかわからない」と相談し、師匠は北野さんに、「それならとにかくトイレをきれいに掃除しなさい」と命じ、北野さんは言われた通り、毎日、文句も言わずにトイレ掃除をするようにしたそうです。

するとそのうちに、北野さんは芸人として売れはじめ、俳優としても評価を受け、さらに映画の世界にも進出し、成功をおさめているということは、皆さんもご存知だと思います。

北野さんは後に、自分が成功した理由を、「自分は人より才能があるとは思っていない。そんな自分が売れたのは、何が理由なのかと考えてみた。

思い当たったのは、トイレ掃除を続けていたからなのかな」と答えています。

この話を聞いて私は、師匠が言ったことを何十年と続けていることもすごいことですし、トイレ掃除の大切さを信じてやり続けていることもすごいと思いました。

しかし私は、北野さんが本当に今でもトイレ掃除を続けているのか大変、気になっていました。決して疑っているわけではありませんが、あれほどお忙しい方ですから、毎日はなかなか難しいのではないかと思っていました。

そんなとき、以前、オフィス北野に所属していた女優さんと話す機会があり、思い切って聞いてみました。

彼女は、北野監督の映画「アウトレイジ」に出演していたのですが、その撮影の合間にも、北野さんは自ら公衆トイレの掃除をしていたそうです。

北野さんには、たくさんのおつきの方もいるはずですから、そういった方にやらせてもおかしくないと思いますが、本人自らが進んで掃除をしているという事実。それも自宅や自分の会社のトイレではなく、公衆トイレの掃除をしていることに大変驚きました。

私は、トイレには神様がいて、いつもきれいにしていると、幸運がやってくると思っています。

北野さんも、トイレ掃除を続けていたから成功したとおっしゃっていますが、神秘的な意味だけでなく、トイレや水回りの掃除をすると、やはり環境も浄化されて、体調もよくなり、心身が健康になるということもあると思います。

俳優の菅田将暉さんも、「トイレ掃除をしたら、いい役がもらえた」なんて話をしていたことがありましたが、経営者や有名人などの成功者には、実はトイレ掃除が習慣という方が多く、私もその恩恵を受けているひとりだと思っています。皆さんもぜひ運気上昇、健康のためにも、トイレをきれいに掃除してみてください。

さて、北野さんのエピソードで、もうひとつ私が気になったのは、映画をリハーサルなしで撮影するという話です。

実際に、リハなしで撮影をするそうで、同じ所属の女優さんの話では、映画「アウトレイジ」でも、リハーサルはなく、役者にとって、全部が真剣勝負だったと言っていました。

例えば、端役の人が演技に失敗すると、取り直しもなく、そのシーンはカットされ、出演シーンがなくなることもよくあったのだそうです。

実際、北野さんは何かのインタビューで、「自分はもともと漫才師だから、客の前ではじめて漫才をやるのが普通で、同じ客の前で2回も同じネタなんてできるものじゃない」と話していて、「映画は、カメラマンも役者もはじめてだから緊張するし、それがうまくいくと本当にリアルな雰囲気になるんだよ」と、その理由を語っています。

| Profile |

北野武（きたの・たけし）

1947年、東京都足立区出身。タレント、映画監督。1974年、漫才コンビ、ツービートを結成。「ビートたけし」として活動し、漫才ブームで一躍人気に。その後、ソロでテレビの司会やドラマ、映画、出版の世界などで活躍。

1989年、映画『その男、凶暴につき』で監督デビュー。1997年、映画『HANA‐BI』でベネチア国際映画祭金獅子賞を受賞。

2010年、フランスの芸術文化勲章「コマンドール」を授与。2016年、レジオン・ドヌール勲章オフィシエ（フランス）。2018年、旭日小綬章受章。

「世界一あきらめの悪い男」のアスリート魂

アテネ五輪アーチェリー
銀メダリスト　**山本 博**

２００４年のアテネ五輪で銀メダルを獲得し、現在はテレビ番組のコメンテーターなどでも活躍されている、アーチェリー選手の山本 博さん。

そんな山本さんと知り合ったのは、今から10年ほど前、私の会社で経理を担当している弟（三男）が、山本さんの講演会に出席し、そこで知り合いになった弟から紹介されたのがきっかけです。それ以降、講演をお願いしたり、一緒に食事をしたり、親交を深めていきました。

山本さんは、一見するとちょっとコワモテですが、実はディズニーランドが大好きで、月に1回は必ず足を運ぶほどの、熱狂的なディズニーファンなのです。ひとりで行くことも多いとおっしゃっていました。

そして、とても優しい方で、困っている人をほっておけない、そんな一面を持っています。

ある講演会の帰り道、あたりが暗くなる時間帯に私の車で移動中、山本さんは車の中からひとりで歩くおばあさんを見かけました。山本さんは私に「神吉さんあの人、徘徊しているんじゃないかな？ 大丈夫かな」と心配すると、すぐに自分の携帯電話で１１０番に電話して、おばあさんを見かけた場所とその特徴などを警察に連絡していました。実際に、そのおばあさんは徘徊していたようで、警察に保護されていきました。

普通は老人を見かけたとしても、「もし違っていたら……」「余計なお世話と言われたら……」などと思って、なかなか踏ん切りがつかないと思います。

しかし、山本さんは迷わずとにかく行動してしまう、本当に優しく、人間愛にあふれた方なのです。そんなところが山本さんの魅力につながっています。


山本さんとさらに親密になったのは、5年ほど前、大学生の友人が企画した「人生のターニングポイント」というテーマのイベントの講師をお願いし、山本さんのアテンドをさせてもらったことがきっかけでした。

41歳のときに、アテネ五輪で銀メダルを獲得した後は、「中年の星」と呼ばれ、頑張る中年のイメージが広まったため、アテネ五輪の後は中高年に対しての講演会に呼ばれることがとにかく多かったそうです。

私がお願いした講演会は、大学を卒業する大学生に向けたものだったので、これから活躍していく若者に向けてのエールを込めて、話をしてもらいました。「人と人との縁は大事だ」とおっしゃっていたことをよく覚えています。

山本さんは、それまで中高年向けの講演会に呼ばれることが多かったので、大学生に向けた講演はとても新鮮だったと喜ばれていました。

この日は、私の運転で講演会場に向かったのですが、とてもびっくりしたことがありました。

それは、私の横の助手席に座る山本さんをふと見ると、普通には座らず、両足を床につけずに、両膝を胸に近づけるように上げ、移動中はずっと足を宙に浮かせていたことです。

私が「鍛えているのですか？」と訊ねると、山本さんは、「年を取ってくると、アスリートは常に筋肉を使わないと、若い者に勝てないんですよ」と話されていました。

諦めないというポリシーを持っている山本さんは、若い頃からすべての時間は、移動中も含めて体を鍛えていたとのことで、年を重ね、それをより意識するようになったそうです。

これまでいろいろな方と車に乗る機会がありましたが、移動中に足を上げて鍛えている人を見たのは、山本さんがはじめてでした。

やはり世界でトップレベルに到達するには、日ごろの努力は当然のことで、山本さんをはじめ、世界で活躍するような人たちは、空いた隙間の時間さえも有効に使い、それが結果につながっているのだなと思いました。

このことがきっかけで私も少しの時間でも空いたら有効に使おうと強く意識するようになりました。

「世界一あきらめの悪い男」と公言している山本さんですが、その洒落っ気のある心意気とパワーで、57歳で迎える2020年の東京オリンピック出場も、ぜひ実現してほしいと心から願っています。

| Profile |

山本 博（やまもと・ひろし）

1962年、神奈川県出身。アテネ五輪アーチェリー銀メダリスト。日本体育大学スポーツマネジメント学部 スポーツライフマネジメント学科教授。

中学1年からアーチェリーをはじめ、中学3年のときに、全日本アーチェリー選手権大会に出場。高校ではインターハイで3連覇。大学ではインカレで4連覇を達成。

1984年、ロサンゼルス五輪で銅メダルを獲得。2004年、アテネ五輪では銀メダルを獲得。

音楽の楽しさと1日1日を全力で生きる大切さ

ヒップホップユニット
ET－KING

ヒップホップユニット、ET－KINGは、1999年に結成。2006年にメジャーデビューし、一時期、大阪・通天閣近くの大国町で、メンバー全員が共同生活をしながら音楽活動を行ない、ヒット曲を生み出していました。

2014年にメンバーのTENNさんがお亡くなりになり、2018年には、いときんさんが逝去され、現在は5人で活動されています。

メンバーの中で私は、特にＴＥＮＮさんと仲よくさせていただき、よく食事に行ったり、遊びに行ったり、自転車が好きだったＴＥＮＮさんから本格的なロードバイクをプレゼントされたりしたこともありました。

そんなＴＥＮＮさんの突然の訃報を聞いたのは、出張先の韓国にいるときでした。あまりにも突然だったので、そのときは声を失い、呆然としてしまいました。

もともとＴＥＮＮさんとは、今から10年ほど前、何かの会合に参加した際、友人の紹介で知り合いました。『愛しい人へ』がヒットする少し前の頃でした。

当時の私は、彼らの曲のことはもちろん、その存在さえも知りませんでした。それというのも、昔から音楽というものに全く興味がなく、ＥＴ－ＫＩＮＧと言われても何のことやらさっぱりという感じでした。

それでも、一期一会のせっかくの機会でしたので、ＴＥＮＮさんには

「今度、音楽についていろいろと教えてください」と申し上げ、連絡先を交換したのです。それがきっかけでその後、食事に行ったり、クラブや音楽にゆかりのある場所に連れて行ってもらったり、ＥＴ－ＫＩＮＧのライブに招待してもらったりしました。ミュージシャンのライブに行ったのはこのときがはじめてでした。

ＥＴ－ＫＩＮＧは、メジャーデビュー後、東京で共同生活を送りながら音楽活動を続けていました。東京での生活はもともと2年間の予定だったので、２００７年にシングル『愛しい人へ』がヒットしてブレイクした後は、東京での経験やいろいろと吸収したものを大阪に持ち帰り、自分たちのスタジオを作るため、拠点を大阪に戻しました。

メンバーは大阪でも共同生活を送りながら、音楽活動を続け、自分たちでお金を集めてスタジオを作ったのです。当時、彼らが苦労していたことを知っていましたので、このときは私も個人的に協力させてもらいました。

私がミュージシャンの方で、はじめて親しくなったのがＴＥＮＮさんで、そのＴＥＮＮさんがきっかけで、少しずつ音楽に興味を持つようになりました。ＴＥＮＮさんには曲作りや音楽業界の話を聞き、ＴＥＮＮさんは私に、会社の経営について尋ねてくることもありました。

ミュージシャンの世界は、同じ芸能界でもお笑いや俳優の世界とはまた異なり、ＴＥＮＮさんの話はとても新鮮でした。

例えば、曲作りは、昼夜問わず部屋の中にこもりきりで、限界まで自分を追い込んで、曲を生み出していくのだと教えてくれました。産みの苦しさを伴いながらの作業は日常茶飯事で、こうした創作現場の舞台裏は、普段は接することのない別の世界を感じることができ、私にとっていい刺激になりました。

私はＥＴ－ＫＩＮＧというグループに出会ったことで、音楽の楽しさを知ることができたのです。

自分の中で全く興味のなかった、一生やらないと思っていたことでも、人との出会い、ご縁によって、その気持ちは大きく変わるのだとわかりました。

ご縁は、ときにはすごい影響力を持つものです。音楽にまったく見向きもしなかった私が、出会いによって興味を持つようになり、今まで知りたいとも思わなかった世界でしたが、今では知ることができて本当によかったと心から思っています。


そんなきっかけをくれたＴＥＮＮさんは、二枚目のイケメンでしたが、ライブ会場で歌うＴＥＮＮさんは、普段よりもさらに数倍かっこよく、輝いて見えました。ＴＥＮＮさんをはじめＥＴ－ＫＩＮＧには観客の心を引きつけるオーラがありました。

いときんさんは、少し不器用だけど男気のある方でした。それに、とても熱い方で、それは言葉の端々からも伝わってきました。印象に残っているのは、いときんさんと握手をしたときの握力の強さです。この人ほど手を強く握り返してくれる人に、私はこれまで会ったことがありませんでした。手を握る強さが、いときんさんの音楽に対する思いの強さに比例しているように感じました。

私よりもずっと若いこの2人の死は、私にとって心揺さぶられる、とてつもなく大きな出来事でした。人はいずれ死んでいくものだと頭では理解していましたが、その死は何の前触れもなく突然に訪れ、命というものには限りがあるのだと改めて考えさせられたのです。

このことがきっかけで、私の中で「1日」の価値観は大きく変わりました。1日1日を今日が最後の日だと捉え、常に意識して生活していかなければダメだと思うようになりました。「限りある時間を大切に」、「1日1

ET-KINGの皆さんと。右からKLUTCHさん、センコウさん、
私、BOOBYさん、コシバKENさん、BUCCIさん。

日を一生懸命、全力で生きること」。２人からはとても大事なことを教えてもらいました。

ＫＬＵＴＣＨさんは、２人が旅立ってしまった後、いときんさんの「生きろ」というメッセージを、これからもＥＴ－ＫＩＮＧの楽曲を通して伝えていきたいと話しています。

２人の音楽に対する思いと、遺志を受け継いだＥＴ－ＫＩＮＧは、大阪に恩返しがしたいとのことから、２０２５年に開催される国際博覧会の大阪誘致を応援する曲『この街の空』を制作。大阪の魅力を音楽で世界に発信しています。

大阪万博の実現を願うとともに、地元大阪を活気づけるＥＴ－ＫＩＮＧの今後のさらなる活躍を期待しています。

| Profile |

ET-KING（イーティー・キング）

1999年に大阪で結成されたヒップホップユニット。2006年にメジャーデビュー。『愛しい人へ』『ギフト』などのヒット曲で知られ、現在は大阪を拠点に音楽活動を行なっている。

2018年に、2025年の国際博覧会の大阪誘致に向けて作った応援ソング『この街の空』を発表した。

自分がなにかしてもらったことは絶対に忘れない力

モデル・タレント

大倉士門

中高生を中心に絶大な人気を誇る、モデルでタレントの大倉士門さんと知り合ったのは、数年前、大倉さんがファッションイベントの「関西コレクション」に出演し、その打ち上げパーティで声をかけたのがきっかけでした。

最初の印象は、今どきの若者といった感じでしたが、とても礼儀正しく、友人や先輩後輩など自分の周りにいる人たちをとても大事にする方だと思いました。

大倉さんとお話をする機会があったときに、印象に残っているのは、高校時代、陸上部に所属し、その部室の壁に掲げられていた色紙の言葉が今も心に響いている、と話していたことです。それは、「人に自分がなにかしてあげたことは忘れても、自分がなにかしてもらったことは絶対に忘れるな」という言葉で、大倉さんの座右の銘になっています。モデルの世界や芸能界に入ってからも、たくさんの先輩方やスタッフの方々に支えられ、助けてもらったことに感謝し、絶対に忘れてはいけないと心に留めているそうです。

そして、友人についても、「自分が困っているときに、そばにいてくれたから自分もそうしてあげたいし、今の自分は、友人や先輩、後輩も含めて、その人たちがいなかったら、今の自分はここにいないと思えるので、今後も大切にしていきたい」と話し、「自分も後輩たちをフォローしたり、こういった関係を先輩から後輩へ受け継いで、いい連鎖になればうれしい」とも言っていました。

モデルの世界から芸能界に入った大倉さんですが、芸能界に入って一番うれしかったことは、はじめてテレビに出演したときだったそうで、東京で頑張っている大倉さんを地元の親や友人みんなが応援し、喜んでくれたことが、今でも忘れられない瞬間だったそうです。しかし、知名度が上がったことで、地元の友人が大倉さんと距離を置いたり、今までの大倉さんではなく芸能人の大倉士門という感じで近づいて来たりしたときに、すごく悲しい気持ちになったと思い起していました。

とても活躍されている大倉さんに、成功している理由についても聞いて

大倉さんとの
2ショット。

みました。

大倉さんは、「まだ自分は、本当の意味で成功していないと思っています」と前置きしながら、「これから小さい成功を積み重ねていき、いつか大きい成功にたどり着ければうれしい。常に人に感謝し、いつまでも謙虚な姿勢でいることを忘れずに、これから先もずっと変わらずに頑張っていきたいと思っています」と話していました。

将来は、テレビ番組の司会をするのが夢で、海が大好きなので、サンゴの保護に関する活動もしたいと夢を語られていました。
今後さらに活躍し、大きな夢を実現されることを心より願っています。

| Profile |

大倉士門（おおくら・しもん）

1993年3月16日生まれ。京都府出身。モデル、タレント。雑誌「Popteen」で中高生が選ぶ彼氏にしたいNo.1モデルを獲得。ファッション誌のモデルやバラエティ番組などでタレントとしても活躍している。現在、ツイッターのフォロワー数44万人（2018年現在）を突破している。

チャレンジできるときがチャンス

大阪市会議員　高山美佳

２０１７年10月、衆院選に出馬した議員の辞職に伴う大阪市会議員補欠選挙に立候補し、見事、25歳と１か月という大阪市会最年少で票を獲得し、当選した若手女性議員の高山美佳さん。

そんな高山さんと知り合ったのは、彼女が18歳で大学の１回生のときに、友人の会合で受付をしていたときでした。

当時の高山さんは、今どきの活発な大学生という印象でしたが、いつからか地方政治に興味を持たれたようで、大学2回生の頃から大阪府議会議員の事務所で勉強をし、大学生ながら政務活動の手伝いをするようになっていました。まさかこの出会いから7年後に彼女が本当に議員になるとは思いもよりませんでした。

大学卒業後すぐは、野村證券に入社し、法人へ飛び込み営業をしていたそうです。同期の中でもトップレベルの営業成績を残し、表彰されるなど頑張っていましたが、政治への思いが強く残っているようでした。

そして程なくして、高山さんにチャンスが巡ってきたのです。降って湧いた市会議員の補欠選挙。挑戦するべきかどうか、突然の選挙で時間がない中、こういう機会はなかなか訪れることはないと思い立ち、最後には立候補を決意したそうです。

私は会社の社長という立場もあったため、高山さんの選挙では、なかなか表立って応援ができませんでしたが、いろいろな相談に乗るなど、陰ながら応援をさせてもらいました。

投票日の当日は、選挙事務所に陣中見舞いに伺いました。事務所にいたのは、高山さんのご家族と、大阪維新の会の大阪市会議員の３人くらいで、驚くほど閑散としていたのを覚えています。その日は衆院選総選挙の日でもあり、政党の人達や支援者は、そちらの方に駆り出されているようでした。

そして結果は見事当選。何の根拠もありませんでしたが、高山さんはなんとなく勝てるような気がしていました。それでもいざ当選を目の当たりにすると、本当にすごいと感じました。

最年少で議員になるということは、実力もあったからだとは思いますが、まれな強運の持ち主であるからだとも思っています。

まず大阪市会に空きが出たこと。市区町村議会議員の被選挙権が与えられる満25歳以上であったこと（25歳と1か月）。若干25歳の新人が政党から公認をもらえたこと。選挙への挑戦権を得たこともすごいことですし、そして結果を出したことも非常にすごいことです。

高山さんのチャレンジを通して、たとえ世間が無理だとか、身の丈に合っていないと言ったとしても、やってみないと結果はわからないということをあらためて学ばせてもらいました。

チャレンジできるときがチャンスであり、それは年齢とか経験とか全く関係なく、若いときはもちろん、80歳・90歳でもチャレンジできるなら何歳でもチャレンジするべきだ、と教えてもらったような気がしています。

議員としてスタートしたばかりですが、高山さんの今後の活動に期待しています。

| Profile |

高山美佳（たかやま・みか）

1992年9月11日生まれ。関西学院大学商学部卒業後、野村證券株式会社に入社。

野村證券株式会社退職後、大阪市会議員北区選出補欠選挙に立候補し当選。

大阪市会民生保健委員会副委員長。市政改革特別委員。高校生向け意見交換会実行委員会委員。関西ワールドマスターズゲーム2021組織委員会顧問。大阪維新の会女性局員。

元アイドルの現役医師から学んだ限界まで頑張る力

医師・整形外科医
黒田知沙

大阪市立大学医学部を卒業後、現在は東京で整形外科医をしている黒田知沙さんは、元アイドルもされていて、まさに才色兼備な女性です。黒田さんと知り合ったのは、確か友人の結婚式で一緒に受付をしたのがきっかけだったと思います。

当時、黒田さんは、医学部の学生であると同時に、兵庫県姫路市のローカルアイドル「ＫＲＤＢ」のリーダーとしても活躍し、さらに、大学の競技ダンスで上位に入賞（2013年冬全 第58回全日本学生競技ダンス選手権パソ第5位）するなど、とても活動的な女性でした。

当時は、どういう時間の配分をすれば、同時にこんなにいろいろなことができるのかと感心していました。そして、まだ若いのに、たくさんのことを難なくこなしているように見えたので、将来、すごい方になるのではと思っていました。

医学部の学生と言えば、普通の学生と比較にならないほど学ぶことも多く、大変で忙しいでしょうし、アイドル活動では歌やダンスなどを覚えて、ステージで披露したりするわけですし、競技ダンスではパートナーと一緒に練習をして大会に出るわけです。さらに、この他にもモデル活動や、2012年度の心斎橋トップレディ、同年度の天神天満花娘など、いろいろな活動をしていたようで、もうすごいとしか言いようがありません。

どうやって時間を作っているのかとても気になり、時間のやりくりについて黒田さんに聞いてみたことがありました。

黒田さんは、「普通にスケジュールを組んでやっているだけです」と言っていましたが、「普通はできないでしょう!」と思いながらも、彼女にとっては本当に普通のことだったのかも知れません。

黒田さんのように時間を有効活用することは、常人では難しいかもしれませんが、やる気さえあれば、やれないことはないという勇気をもらった気がしています。もう限界だと感じたとしても、まだ気力と体力が少しでも残っているなら、まだまだできると自分に言い聞かせて頑張ってみるのもいいかもしれません。

今は駆け出しの医師として、忙しい毎日を送っているようですが、自らのSNSで情報を発信したり、テレビ番組で見かけることもあったり、相変わらずいろいろなことにチャレンジしているようです。医師としての夢を叶え、さらにすごい女性になられることを期待しています。

| Profile |

黒田知沙（くろだ・ちさ）

1991年生まれ。大阪府出身。医師。医学部に通いながら関西のローカルアイドル「KRDB」のメンバーとして活躍。

大阪市立大学医学部卒業後、2018年に医師となり、東京の病院に勤務。過去に『探偵ナイトスクープ』で華麗な社交ダンスを披露したり、ファッション誌WEBサイトでブロガーとして活躍。

NHK『総合診療ドクターG』の第8シリーズの第1回にも出演。2014年から2年間、関西ローカル番組『てっぺんとったるで！』にレギュラー出演。

将来は女性アスリートのサポートをするスポーツドクターになるのが夢。また、予防医学にも関心を持っている。

女優から学んだ積極性と行動力

女優　**こばやしあきこ**

元ＮＨＫ京都放送局のキャスターで、女優のこばやしあきこさんは、時代劇から現代劇までドラマや舞台、映画などで、活躍されています。また、ご自身のプロフィールにもありますが、生まれも育ちも先祖も京都というまさに生粋の京おんなといった雰囲気の方で、京都観光おもてなし大使を務められるなど、地域に密着した活動もされています。

こばやしさんと知り合ったのは、前述にも登場された吉田栄作さんの紹介であったと記憶しています。お2人とも、2008年の秋から放送されたNHKの朝ドラ『だんだん』に出演されていました。それ以来ずっと、こばやしさんが出演する舞台は必ず見に行くなど、仲よくさせていただいています。

こばやしさんは、いつもナチュラルで、頭がよく、素直で、おもてなしの心を持っている魅力的な方です。また、物腰が柔らかそうに見えて、実は怖そうにも見える、いい意味でも悪い意味でも京都人らしい気質を持っているので、いろいろな役柄を演じる女優さんにはぴったりと言ってもよいでしょう。

これほどまでに長く親しくさせていただいているのは、その人柄はもちろんですが、私にはないとてもポジティブな性格に興味を持ち、すごい方だなと思っているからかもしれません。

これまでにいろいろな方にお会いしてきましたが、こばやしさんほど何事にも積極的で前向きに物事をとらえる方に出会ったことはありません。

随分前のことですが、こばやしさんが出演された舞台の終演後、楽屋へご挨拶に行ったときに、その舞台の主役の方が、出演者の方たちに、「明日休みだから誰かご飯行かないか？」と言っているところでした。

後から聞くと、その主役とこばやしさんはほぼ初対面だったそうなのですが、彼女は遠慮することなく、「ぜひ行かせてください！」と手を挙げていました。ちなみに、その日、食事に行ったのは、こばやしさん以外はいつも集まるメンバーだったようです。普通なら空気を読んで遠慮するものだと思うのですが、そんなことは全く気にせず、食事会に参加していました。

こばやしさんは、このような場面に出会ったときに大胆な行動をとることが多く、場の空気を読むことよりも、積極的に行動することを優先しているように見えます。

それは、全てにチャンスを感じていて、計算しての行動なのか、それともいい意味で空気を読まない性格から自然にとっている行動なのか、今でもそれは明らかではありませんが、その積極性と行動力にはいつも感心し、驚かされています。

しかし、そんな大胆な行動を取られても、人当たりがよく、嫌みがまったく感じられないので、悪いイメージを持たれることがないのだと思います。

そんなこばやしさんは、積極的な行動を続けていくことで、いつか大きなチャンスをつかんで、大女優になるのではないかと私は見ています。そう思いつつも、十数年経ってしまっていますが、本人は笑顔で「もうちょっと待ってね」と言っています。

２０１１年に結婚した旦那さんも、こばやしさんのそんな人柄に惹かれ、いつかは大物になるのではというところが好きになり、一緒になったということでした。

こばやしさんは、持って生まれた性格もあるとは思いますが、何事にも積極的に取り組んでいける力と行動力は、私も見習っていきたいところです。長年、ご一緒する機会も多かったので、こばやしさんから少しは積極性と行動力を学べたかなと思っています。今後のこばやしさんのさらなる活躍を期待しています。

| Profile |

こばやしあきこ

京都府京都市出身。女優。元NHK京都放送局キャスター。京都観光おもてなし大使。同志社女子大学学芸学部音楽学科声楽専攻卒業。

時代劇撮影の盛んな京都・大覚寺のすぐ近くで生まれ、映画やドラマの撮影を見て育つ。

大学卒業後の2000年4月、NHK京都放送局アナウンス部へ入局。その後、塩屋俊アクターズクリニックで演技を学び、NHK退職後、2003年4月より俳優活動を開始。

現在は京都と東京を往き来しつつ、女優、そして京言葉を活かしたナレーションなどで活躍。登場するだけで京都を感じさせるような「京女優」を目指している。

おわりに

思いやり世界一の会社

父が会社を創業し、社長を務めていた頃は、ひとりで何でもできてしまう発想力と実行力がありました。しかし、私にはそんな力はありません。父の背中は大きく、その真似をして会社を経営していくことは到底無理だとすぐにわかりました。

「自分には何ができるのか？」

私は自分なりの「正しい経営」について、ずっと考え続けていた時期がありました。

そして導き出した答えが、

「従業員ひとりひとりが思いやりを持ったら、大きな力になる」

というものでした。

私ひとりの力では限界がありますが、集団の力だったらどうでしょうか。ひとりひとりが思いやりを持って仕事をすれば、自分も、同僚も、取引先も、お客さまも、みんなが幸せになれるはずです。

私は、「思いやり世界一の会社」という目標を掲げ、目標達成の日を２０２０年１月１日に設定しました。全従業員が思いやりを持って、相手の立場を考えて、全力で仕事に臨めば、決して難しいことではないと思っています。

鍵山秀三郎さんが大事にしている言葉の『凡事徹底（当たり前のことを

当たり前に素晴らしぐやる)』の精神で、吉寿屋を「思いやり世界一の会社」にしたいと考えています。

最後に、この本でも多く書かせていただいた、今でも共に会社を支え、私の師でもある父。そして、会社が小さいときから、父のすべての世話やワガママを聞いて、かつ自分なりの会社へのアドバイスを父にしてきた素晴らしい母。母は表には出てきませんが、今の吉寿屋があるのは、父と共に、母の陰での支えがなければありません。心から感謝しております。

また三男は今も共に働いていますが、不平不満を言わずに黙々と、仕事に取り組み会社を支えてくれています。次男も陰から私を支えてくれていて、2人とも両親同様に感謝しています。

そして、叔父の神吉秀次会長には、私に唯一厳しいことを言っていただき、本当に感謝してもしきれません。私が甘い考えでいるときに、ずっと叱っていただきました。恐らく叔父から甥にあたる私に小言を言うのは、嫌だったはずです。それでも愛情を持って辛抱強く、長い間叱っていただいたお陰で、甘ちゃんで、能力もなく、できの悪い私が、何とか人並みの社長になることができました。皆さんと面と向かって言うのは気恥ずかしいので、本に書かせていただきます。本当にありがとうございます。

そして、私をいつも支えてくれている家族、うちの従業員と従業員の物故者の方、従業員の家族の方、友人、ご指導いただいた先生方、トランスワールドジャパンの方々、出版を勧めていただいた菅生新さん、お世話になったすべての皆さまに感謝いたします！　ありがとうございます。

そしてそして、神様、神吉様、ご先祖様、ありがとうございます。

私は、神吉一寿として生まれて最高に幸せです。

社長室の壁には、「思いやり世界一の会社」
という目標が目立つところに掲げられている。

［著者プロフィール］
神吉一寿（かみよし・かずとし）

1966年、大阪府生まれ。株式会社吉寿屋代表取締役社長。京都産業大学卒業後、株式会社吉寿屋に入社。配送業務や営業、店長、FC店のスーパーバイザーなどを経験した後、専務取締役に就任。その後2016年、代表取締役社長に就任する。吉寿屋を「思いやり世界一の会社」にすることを目標に掲げ、社員の励みになるようなユニークな企画や奨励制度を実施し、業界トップクラスの所得を目指している。

［STAFF］

装丁・デザイン　谷元将泰
構成　奥 正章
イラスト　さとうただし
編集　岡田タカシ

おかしの会社のおかしな社長
〜みんな幸せちょっといい話〜

2018年11月27日　初版第1刷発行
2018年11月27日　初版第2刷発行

著　者　神吉一寿
発行者　佐野　裕
発行所　トランスワールドジャパン株式会社
〒1150-0001 東京都渋谷区神宮前6-34-15モンターナビル
TEL・03-5778-8599／FAX・03-5778-8743
印　刷　中央精版印刷株式会社

ISBN 978-4-86256-249-4